La polarización política en Estados Unidos

La polarización política en Estados Unidos

Orígenes y actualidad
de un conflicto permanente

JOSEP M. COLOMER

DEBATE

Papel certificado por el Forest Stewardship Council®

Primera edición: marzo de 2023

© 2023, Josep Maria Colomer Calsina
© 2023, Penguin Random House Grupo Editorial, S.A.U.
Travessera de Gràcia, 47-49. 08021 Barcelona

Printed in Spain – Impreso en España

ISBN: 978-84-19399-42-7
Depósito legal: B-856-2023

Compuesto en Pleca Digital, S. L. U.
Impreso en EGEDSA
Sabadell (Barcelona)

C 3 9 9 4 2 7

Índice

Introducción

¡Son las instituciones!

La confrontación política ha sido la pauta de la política de Estados Unidos durante la mayor parte de los últimos treinta años desde el final de la Guerra Fría. Las hostilidades culminaron con la presidencia de Donald Trump y su desenlace, pero ya se habían agravado durante las presidencias de Bill Clinton, George W. Bush y Barack Obama y, en contra de algunas predicciones, continúan durante la de Joe Biden.

Este libro se basa en la hipótesis de que los conflictos políticos continuados y la creciente polarización en Estados Unidos se derivan sobre todo del desencaje entre el tamaño y la diversidad del país y el sistema constitucional y político, que está basado en la separación de poderes entre un Congreso legislativo y un presidente ejecutivo con solo dos partidos políticos. La obsesión con la personalidad de los presidentes y la permanente búsqueda de salvadores de la patria oscurece la importancia de los factores estructurales y las reglas del juego que determinan en gran parte el comportamiento político.

No hay duda de que las desigualdades económicas, raciales y territoriales predisponen a la confrontación. Sin embargo, las diferencias sociales y culturales solo se convierten en conflicto político si los actores políticos las activan. La principal explicación de tanta hostilidad y tantos choques como los que han impregnado la mayor parte de la historia del país reside en la esfera política. Los políticos tienen motivaciones diversas, pero se mueven por las restricciones y los incentivos creados por las instituciones políticas, las cuales, con la actual configuración, favorecen la competición polarizada. Así, el proceso político genera animosidad entre los ciudadanos, la cual aumenta la escala y la profundidad de las disparidades basadas en diferencias sociales y culturales. Estas, a su vez, se convierten en plataformas agigantadas para los antagonismos de los políticos.

Mi interpretación es, pues, que el factor más importante de una gobernanza efectiva es el diseño institucional. No debemos esperar que las instituciones políticas eliminen la diversidad o las diferencias de intereses; más bien deberían encauzarlas mediante normas legales y compromisos aceptables capaces de evitar una confrontación grave. Unas instituciones democráticas bien diseñadas deberían ser capaces de tomar decisiones colectivas vinculantes apoyadas por la mayoría de los votantes, proveer bienes públicos eficientes y equitativos, favorecer los acuerdos consensuados y evitar graves enfrentamientos.

El problema es que la separación institucional de poderes con solo dos partidos, como en Estados Unidos, a menudo fomenta lo contrario: promueve y exacerba el antagonismo y produce un conflicto sostenido. La mayoría de las veces, un partido se hace con la Presidencia y el otro, con al menos una de las cámaras del Congreso; se atrincheran en estas instituciones separadas y se bloquean mutuamente. Con dos partidos disciplinados, los controles mutuos entre instituciones tienden a provocar agravios y polarización.

Un diseño institucional desatinado

El diseño estadounidense fue el resultado de un malentendido y un error de cálculo. Cuando los autores de la Constitución en Filadelfia a finales del siglo XVIII miraron a Gran Bretaña en busca de inspiración, entendieron mal su sistema político, que había dejado de funcionar con una separación de poderes entre un rey ejecutivo y un Parlamento legislativo. Los poderes ya habían empezado a fundirse en un régimen parlamentario, en el que el Parlamento confirmaba al primer ministro ejecutivo y a su Gabinete, como lo ha continuado haciendo hasta hoy.

Además, los constituyentes americanos calcularon mal que los partidos políticos, a los que despreciaban como «facciones» corruptas, no operarían a escala nacional en un país tan grande y diverso. Sin embargo, tras los años fundacionales con presidentes que habían firmado la independencia o la Constitución, surgieron candidaturas rivales y partidos de ámbito nacional. La elección de presidentes partidistas se convirtió en una importante fuente de confrontación política.

Con hostilidad partidista generalizada, los *checks and balances* entre la Cámara, el Senado y la Presidencia impiden, de hecho, un gobierno eficaz. Los controles mutuos entre instituciones no promueven consensos y equilibrios como se esperaba. En la práctica, el sistema produce presidentes elegidos por una minoría del voto popular, una política de confrontación, parálisis legislativa, recurrentes cierres del Gobierno e impugnaciones presidenciales cada vez más frecuentes.

Estados Unidos es el único país que usa las dos fórmulas electorales más restrictivas: por un lado, elecciones presidenciales ejecutivas separadas; por otro lado, elecciones legislativas en distritos con un solo escaño por la regla de la mayoría relativa o pluralidad, que solo permiten dos partidos viables. Este sistema constitucional ni siquiera se estableció en los países que Estados Unidos liberó al final de la Segunda Guerra Mundial: Alemania, Francia, Italia, Japón. Hoy en día, ninguna otra gran democracia usa esa combinación de diseño electoral.

PAZ INTERNA VERSUS PAZ EXTERNA

En un gran país de tamaño imperial como Estados Unidos, la política pública más importante es la política exterior. La cohesión interna y la unidad nacional, por lo general difíciles de alcanzar en un país tan grande y diverso, aumentan frente a una amenaza existencial extranjera, como ocurrió durante la Segunda Guerra Mundial y la posterior Guerra Fría con la Unión Soviética. En esas situaciones, la paz interna se puede lograr centrándose en la política exterior, relegando la diversidad territorial y evitando las cuestiones potencialmente divisorias, lo cual permite que la vida política gire en torno a una agenda estrecha y consensuada. A la inversa, una relativa paz exterior, como en los últimos treinta años, tiende a ir acompañada de conflictos internos, ya que favorece el surgimiento de rivalidades políticas y territoriales que a menudo las instituciones existentes no pueden resolver con éxito y de forma duradera.

Una mejor gobernanza requeriría un gobierno federal menos conflictivo. Una división más clara de responsabilidades entre una Presidencia responsable centrada en asuntos exteriores y un Congreso centrado en asuntos internos compartidos con los estados y las ciudades podría lograr una relación de poderes más equilibrada. Solo con un giro institucional que evitara el bloqueo y promoviera la cooperación, el sistema podría funcionar como el modelo clásico y fundacional de una federación democrática.

Sin embargo, siempre puede existir la tentación de identificar un nuevo enemigo exterior y lanzar una nueva Guerra Fría, ya sea con Rusia o con China o con las dos a la vez. La invocación de una nueva amenaza existencial extranjera podría servir de distracción para dejar de lado las cuestiones de política interior que causan división y en las que, de otro modo, el restrictivo y paralizante sistema político tiende a fracasar.

Una democracia domesticada

Cuando a finales del siglo XVIII se convocó en Filadelfia una Convención de delegados de estados recién independizados, el éxito de un experimento con la democracia en un país tan grande y diverso como Estados Unidos era poco probable. Sin embargo, los delegados reconocieron que los ciudadanos no aceptarían un nuevo ejército permanente y nuevos impuestos federales sin representación. El componente democrático del Gobierno se plasmaría en la Cámara de Representantes.

Para contener sus peligros, la Cámara estaría sujeta a una serie de «filtros» y «controles» con el fin de evitar que prevaleciera sobre los otros componentes: el Senado, basado en los estados, y el sobredimensionado presidente, con poderes de guerra y veto sobre la legislación. Los redactores de la Constitución estadounidense pensaron erróneamente que estaban reproduciendo los principios básicos de la Constitución británica con una separación de poderes entre el rey ejecutivo, la aristocrática Cámara de los Lores y la democrática Cámara de los Comunes. La separación de poderes y sus controles institucionales eran un tapón, destinado a domesticar y atemperar la democracia.

La paradoja es que los constituyentes querían un gobierno nacional firme, pero, al mismo tiempo, lo querían con un alto grado de separación de poderes y muchos controles que incluso pudieran paralizarlo. En realidad, su prioridad era construir una defensa nacional frente a los enemigos extranjeros. Los Estados Unidos de América seguirían siendo un «imperio» durante mucho tiempo, a pesar de la Constitución federal, ya que el centro del sistema político e institucional sería la expansión territorial, las fronteras y los asuntos exteriores. Mientras tanto, las instituciones separadas bloquearían la gestión de muchos asuntos internos.[1]

1

La democracia era solo para países pequeños

En 1787, los delegados de doce de trece recientes estados libres e independientes de América del Norte comenzaron a reunirse en Filadelfia para discutir los defectos de su Confederación, que estaba prácticamente paralizada. Los delegados consideraron la posibilidad de establecer un «gobierno nacional firme» capaz de resolver los conflictos comerciales y de otro tipo entre estados y de defenderse de los británicos, que seguían controlando ocho colonias vecinas, así como de otras amenazas extranjeras.

Para diseñar ese gobierno firme se fijaron dos objetivos: sustituir la monarquía e impedir la democracia. Entendían que la monarquía, como en su antigua metrópoli colonial, Gran Bretaña, significaba el gobierno de uno solo, lo que implicaba tiranía. La democracia, por el contrario, significaba el gobierno de muchos, lo que la mayoría de los delegados temían que condujera a la anarquía.

El estado de la cuestión era que la democracia solo podía funcionar en países pequeños. En aquella época, la democracia se asociaba a ciudades o pequeñas comunidades como la república de Venecia, los cantones suizos o las provincias holandesas, así como varias de las colonias británicas de Norteamérica que habían declarado su independencia. Tanto en Inglaterra como en Europa se pensaba que un experimento con la democracia en un país grande y diverso como Estados Unidos tendría pocas posibilidades de éxito. Alexander Hamilton, delegado de Nueva York y futuro secretario del Tesoro, resumió: «La verdadera libertad no se encuentra ni en el despotismo ni en los extremos de la democracia, sino en los gobiernos moderados».

Los delegados de Filadelfia concebían mayoritariamente la democracia como lo que hoy en día se llamaría «democracia directa», un sistema en el que el pueblo se reúne en asamblea y toma decisiones por votación o aclamación antes de seleccionar a los delegados para aplicarlas. Los constituyentes más ilustrados conocían el pensamiento de algunos filósofos clásicos. Sabían que, según Aristóteles, «una comunidad muy poblada rara vez puede ser bien gobernada, si es que llega a serlo; todas las comunidades que tienen reputación de buen gobierno tienen un límite de población». El francés Charles-Louis de Secondat, barón de La Brède y de Montesquieu, que se convertiría en uno de los favoritos de los constituyentes de Estados Unidos, sostenía que «lo natural es que una república tenga solo un pequeño territorio. De lo contrario, no puede subsistir por mucho tiempo». Como razonaba, «en una república pequeña el bien público se siente más fuertemente, se conoce mejor y está más cerca de cada ciudadano». El ginebrino Jean-Jacques Rousseau coincidía: «Cuanto más grande es el país, menos libertad hay».

Uno de los líderes de la Convención fue James Madison, el delegado de Virginia que había impulsado la convocatoria de la reunión y futuro presidente. Desde el principio manifestó sus temores sobre cómo funcionaría la democracia en una gran unión. Madison advirtió contra «la asombrosa violencia y turbulencia del espíritu democrático», y afirmó que «las comunidades democráticas pueden ser inestables y ser llevadas a la acción por el impulso del momento». Más tarde, en la campaña para ratificar la Constitución en Nueva York, sostendría que, en el pasado, las democracias «han sido siempre espectáculos de turbulencia y contención [...] y tan breves en su vida como violentas en su muerte».

Alexander Hamilton alegaría que «el celo por los derechos del pueblo ha sido un camino mucho más seguro para la introducción del despotismo que el celo por la firmeza y la eficiencia del gobierno». En su opinión, las democracias son manipuladas por personas que «comienzan como demagogos y terminan siendo tiranos».

Gouverneur Morris fue un influyente delegado de Pensilvania al que se atribuye el mérito de ser el principal redactor del texto final de la Constitución. También advirtió contra «la turbulencia, la precipitación, el carácter cambiante y el exceso» de las asambleas democráticas. Otros delegados de la Convención se refirieron a «la furia» y «la locura» de la democracia. Uno confesó: «Es la anarquía, o más bien peor que la anarquía es una democracia pura lo que temo». Otro se limitó a decir: «La democracia, el peor de los males políticos».

Thomas Jefferson, que sería el tercer presidente, no estaba en la Convención. En privado, preguntó sobre ese temor, que consideraba basado en exageraciones sobre el peligro de la anarquía. «¿Dónde existe esa anarquía? —ironizó—. ¿Dónde ha existido alguna vez, excepto en el único caso de Massachusetts?» (refiriéndose a una reciente revuelta de agricultores que pedían aplazar el pago de impuestos y deudas). En una carta a Madison, llegó a escribir: «Un poco de rebelión de vez en cuando es algo bueno... Evita la degeneración del gobierno y alimenta una atención general a los asuntos públicos».

A pesar de estos temores, la Convención reconoció que la introducción de un ejército permanente en tiempos de paz y de impuestos federales solo sería aceptada por el público a cambio del derecho al voto. Al igual que en las colonias anteriores, en los nuevos e independientes Estados Unidos el pueblo no aceptaría impuestos sin representación. «Ningún gobierno podría subsistir mucho tiempo sin la confianza del pueblo», advirtió James Wilson, un delegado de Pensilvania. Una asamblea democrática de representantes elegidos por el pueblo, «si queremos preservar la paz y la verdadera libertad, debe convertirse necesariamente en un componente del gobierno nacional», reconoció George Mason, un delegado de Virginia que no firmaría la Constitución.

El componente democrático del gobierno se plasmaría en la Cámara de Representantes. Entonces, los delegados respondieron a sus peligros diseñando una serie de «filtros» y «controles», como los denominó Madison, para evitar que la Cámara democrática prevaleciera sobre los otros componentes: el Senado se basaría en los estados y el presidente tendría poderes de guerra y veto sobre la legislación. La separación de poderes y sus controles institucionales eran un tapón, destinado a domesticar y atemperar la democracia. Hamilton insistió en ello en su último artículo, en el que trataba de persuadir a la Convención de su estado, Nueva York, de que ratificara la Constitución. Concluyó la campaña poniendo al pueblo en guardia «contra el peligro de la anarquía, la guerra civil [...] y quizá el despotismo militar de un demagogo victorioso».[1]

BREVE Y DURADERA

La Constitución de Estados Unidos es una de las más antiguas que existen, solo superada por el conjunto de estatutos, costumbres y precedentes que guían las instituciones de Gran Bretaña. También es el más breve de todos los documentos constitucionales del mundo. Ambas características, longevidad y brevedad, están relacionadas. La Constitución de Estados Unidos ha durado tanto no porque haya sido escrita bajo guía divina, como han afirmado algunos panegiristas, sino principalmente porque es muy breve. Precisamente porque el documento resultante de la Convención de Filadelfia dejó muchas cuestiones sin resolver, a veces con una redacción ambigua, ha quedado abierto a la interpretación, enmienda y adaptación, incluida su democratización, sin necesidad de sustituir todo el texto.*

No obstante, lograr un producto tan breve e interpretable no fue una tarea fácil. Los participantes en la Convención de 1787 eran delegados de sus estados, negociaron en nombre de sus intereses estatales y acordaron tomar decisiones con votos iguales para todos los estados, independientemente del tamaño de su población o su área o de su desarrollo material. Los negociadores se vieron limitados por las amenazas implícitas, y a veces explícitas, de algunos estados de no adherirse a la Unión o incluso de buscar otros aliados internacionales. Se esforzaron por llegar a una conclusión en un plazo breve.

---

* Sobre la mano divina que guiaba a los constituyentes, véanse, por ejemplo: «América sentía que la mano de la Providencia guiaba a la joven república... No cabe mucha duda de que la mano de la Providencia ha guiado a una nación que encuentra un Washington, un Lincoln o un Roosevelt cuando lo necesita», Seymour M. Lipset, *American Exceptionalism*, W. W. Norton, 1997, pp. 13-14; «Cuánto deseo ir al Cielo y encontrarme con los Fundadores y decirles que el trabajo que hicieron al diseñar la Constitución es un trabajo de genios. Gracias. Fue una inspiración divina», Mike Pence, vicepresidente de Estados Unidos, en diciembre de 2020; testimonio de Gregory Jacob, consejero jurídico del vicepresidente, al Comité de Investigacion del ataque del 6 de enero al Capitolio de Estados Unidos, 16 de junio de 2022.

De los setenta y cuatro delegados elegidos por los estados, solo cincuenta y cinco asistieron a algunas sesiones y treinta y nueve firmaron el documento final. Viajar a Filadelfia, por ejemplo, desde una plantación en Georgia o la ciudad de Boston podía llevar varios días a caballo, en carruaje o en barco. No había dietas por gastos.

La mayoría de los delegados eran abogados; muchos eran ricos terratenientes, propietarios de bonos estatales u hombres de negocios; algunos eran muy educados y leídos, dados los limitados medios disponibles. La mayoría tenía menos de cuarenta años. Treinta de ellos habían luchado en la Guerra de la Independencia. Casi la mitad poseía esclavos (veinticinco de los cincuenta y cinco delegados y diecisiete de los treinta y nueve firmantes).

Las sesiones en la Sala de la Asamblea de la Cámara de Representantes de Pensilvania duraron menos de cuatro meses. Se celebraron a puerta cerrada y en estricto secreto. No se permitió la presencia de espectadores ni periodistas. Las ventanas permanecieron cerradas y cubiertas con pesadas cortinas, mientras guardias armados rodeaban el edificio. Los delegados prometieron un voto de silencio durante cincuenta años. Las actas y las extensas notas sobre los debates de la Convención tomadas por James Madison no se publicaron hasta 1840, cuando él y todos los demás delegados habían muerto. Los títulos de las recopilaciones publicadas añadieron la palabra «Constitucional» al nombre real de la reunión, aunque los delegados no habían dado un amplio apoyo a tal resultado cuando se convocó la Convención.

«Las maniobras políticas impregnaron todas las decisiones de la Convención», observó el politólogo David Brian Robertson. Los debates giraron en torno a negociaciones y compromisos, más que sobre argumentos acerca de principios o ideales, como ha subrayado el politólogo Jon Elster. Además, «a los delegados les resultaba difícil ponerse de acuerdo en una cosa, porque el acuerdo sobre una parte del gobierno se vería después alterado por los cambios realizados en otra parte», como observó el historiador Gordon S. Wood. Varios delegados, entre ellos los más notorios James Madison, Alexander Hamilton o Gouverneur Morris, cambiaron de opinión sobre algunos temas, se contradijeron o se apresuraron a aceptar una posición a la que antes se habían opuesto, todo con tal de llegar a una conclusión. La redacción final fue intencionadamente breve y, en algunos puntos, vaga para ganarse los votos de ciertos delegados.

Al principio, no estaba nada claro que se fuera a alcanzar un acuerdo. Tal vez la previsión de tener que sobrevivir sin instituciones sólidas la expresó mejor Thomas Jefferson unas semanas antes de la inauguración de la Convención. Escribió a un amigo: «Si se me dejara decidir si debemos tener un gobierno sin periódicos o periódicos sin gobierno, no dudaría un instante en preferir lo segundo». No era una perspectiva improbable en aquel momento.

Bajo la amenaza existencial del ejército británico aún en Norteamérica, la mayoría de las dudas, contradicciones y la pura defensa de los intereses particulares no traspasaron las puertas y ventanas de la asamblea. La mayor parte del palabreo y muchas discusiones significativas de la Convención no se reflejan en la colección más popular y de fácil acceso titulada *El federalista*, una serie de artículos periodísticos firmados con seudónimo por Hamilton, Madison y John Jay que se utilizaron como propaganda de campaña para la ratificación en Nueva York, uno de los trece estados implicados. Negociar, regatear y efectuar trueques en secreto en un cónclave cerrado es muy diferente a hacer campaña en público, donde los políticos suelen defender lo que no creen, especialmente si están protegidos por un seudónimo.

La Constitución, tal y como fue aprobada, no es más que un pequeño manual de procedimientos operativos. Se centra en las normas y los poderes del Congreso, la Presidencia y la Judicatura; difiere al Congreso la regulación de los poderes de los estados; admite la responsabilidad de la Unión por todas las deudas contraídas con anterioridad (incluidos los bonos estatales), y establece un procedimiento para aprobar enmiendas.

La Constitución de Estados Unidos no estableció los límites territoriales del país. No proclamó ninguna lengua oficial o nacional, ni diseñó una moneda, una bandera o un himno nacional. Ni siquiera incluye palabras como «democracia», «soberanía», «federación», «esclavitud», «separación de poderes», «controles y equilibrios» o «partidos políticos». Muchas cuestiones no se resolvieron y quedaron como objeto de controversia en los años siguientes.

Inicialmente, al menos nueve de los trece estados debían ratificar la Constitución. A la mayoría de ellos se les convenció de unirse solo con la promesa, a la que se resistía Madison, de aprobar un conjunto de enmiendas más sustantivas que protegían derechos como la libertad de expresión, de religión y de prensa, el *habeas corpus* y los juicios con jurado. El decimotercer estado que ratificó la Constitución, Rhode Island, lo hizo más de un año después de que se celebraran las primeras elecciones presidenciales y al Congreso y de que ya hubiera un nuevo Gobierno.

Madison dijo que la Convención no habría aprobado ninguna constitución si los debates hubieran sido públicos. A algunos analistas también les gusta decir que si la Convención de Filadelfia se hubiera organizado con la separación de poderes y los controles mutuos que los constituyentes establecieron en la Constitución, Estados Unidos no existiría. Como ocurre a menudo con la legislación ordinaria en el Congreso, es probable que los delegados de Filadelfia no hubieran logrado un compromiso consensuado. El hecho de que fueran capaces de producir un documento tan duradero, en contraste con los pobres resultados habituales de la política actual, puede ayudar a explicar por qué el resultado de la Convención es, a pesar de sus límites, tan admirado y venerado hoy en día.[2]

2

Del imperio a la federación

¿Cuál era el tamaño de los Estados Unidos iniciales, después de todo? ¿Su extensión los hacía incompatibles con la democracia tal y como se concebía entonces, viable solo en países pequeños?

Cuando se ratificó la Constitución en 1789, Estados Unidos era un país bastante simple y homogéneo, agrario y rural, la mayor parte de cuyos habitantes vivía en pequeñas aldeas y pueblos, granjas y plantaciones. Su población total no llegaba a los cuatro millones (incluidos unos setecientos mil esclavos concentrados en su mayoría en el Sur). Este tamaño era relativamente pequeño, equivalente a una quinta parte de la población de Francia y a menos de la mitad de la de Gran Bretaña o España (sin contar sus colonias de ultramar). En cambio, la superficie total de los trece estados iniciales era cinco veces mayor que la de Gran Bretaña y aproximadamente la misma que la de Francia y España juntas. Un vasto y despoblado territorio al oeste sugería un gran potencial tanto de expansión como de tensiones territoriales.

Para muchos de los constituyentes, la alerta sobre los peligros de la democracia no podía derivarse de una experiencia directa o próxima. Algunos en el Sur podían temer una rebelión de esclavos, especialmente en Virginia y las Carolinas. Otros quizá se habían formado un juicio negativo sobre la demagogia y el gobierno de la turba a partir de lecturas extranjeras. Sin embargo, su temor a la democracia pudo estar respaldado también por una clarividente anticipación de la enorme expansión territorial del país y del crecimiento de la población durante las décadas siguientes.

Incluso antes de la independencia de Gran Bretaña, algunos visionarios americanos sostenían que su destino estaba en la expansión del territorio. Tras la Guerra de la Independencia, los Estados Unidos se expandieron a toda la región, apenas habitada por estadounidenses, al norte y al oeste de los montes Apalaches hasta el río Mississippi, multiplicando casi por cuatro la superficie inicial. Thomas Jefferson, que había previsto «un imperio de la libertad», ya había planificado la zona con catorce nuevos estados, a los que llamó Sylvania, Michigania, Assenisipia, Metropotamia, Polypotamia, Pelisipia y otros nombres olvidables. Alexander Hamilton diría que los Estados Unidos eran «el embrión de un gran imperio».[1]

Una expansión sin límites

Como en la mayor parte de la historia de la humanidad, a principios del siglo XIX vastos imperios estructuraban la mayor parte del mundo. Aproximadamente la mitad de la población mundial vivía en el Imperio Qing de China y el Imperio maratha de la India. Les seguían en tamaño de población los imperios coloniales de Gran Bretaña, Francia y España, los imperios continentales de Rusia, el Sacro Imperio Romano-Germánico, el Imperio de los Habsburgo de Austria-Hungría y el Imperio otomano, Japón, y otras grandes y complejas unidades.

Un imperio tiene dos rasgos característicos: fronteras inestables y asimetrías internas. En primer lugar, un imperio no tiene fronteras fijas, sino que se expande antes de estabilizarse o contraerse; en segundo lugar, el centro mantiene relaciones asimétricas con los diversos componentes territoriales antes de conformar una estructura federal más homogénea (si es que alguna vez esta se llega a establecer).

En cuanto a la expansión de los Estados Unidos, no había límites predeterminados por la geografía o el destino. Los independentistas aspiraban a incluir las colonias de Canadá. En los Artículos de la Confederación, declararon: «El Canadá que se adhiera a esta confederación, y que colinde con las medidas de los Estados Unidos, será admitido y tendrá derecho a todas las ventajas de esta Unión». Durante la posterior guerra con Gran Bretaña, las tropas estadounidenses se adentraron en el norte y ocuparon Montreal y gran parte de Quebec, pero tuvieron que retirarse ante la resistencia británica y local.

Tampoco la Constitución menciona límites territoriales, como se ha mencionado antes. La temprana adquisición de la Luisiana francesa, delimitada al oeste por las Montañas Rocosas, multiplicó por dos el territorio existente. A mediados del siglo XIX, antiguas colonias españolas y partes del México y la California independientes en el sudoeste y el Texas independiente y la Florida española en el sur, junto con la absorción de parte de Oregón en el noroeste, añadieron una superficie similar. En poco más de sesenta años el país era ya casi diez veces más grande que las trece colonias iniciales. Tras haber luchado contra los imperios coloniales británico, francés y español, el Presidente James Polk declaró que Estados Unidos era «un país lo suficientemente grande para un gran imperio».

El director del censo anunció la extinción de los lindes en fecha tan tardía como 1890, cuando observó que ya no había zonas inexploradas en el territorio entre el Atlántico y el Pacífico. Sin embargo, Estados Unidos aún incorporaría Alaska y Hawái y tomaría el control de las más remotas Samoa y Filipinas. En el Caribe, se anexionó Puerto Rico y estableció protectorados en el canal de Panamá y las Islas Vírgenes. Por otro lado, renunció a anexionarse la mayor parte de México, a pesar de que las tropas estadounidenses entraron en la capital del país sin gran resistencia, y no incorporó Cuba, Santo Domingo ni otros territorios que estuvieron temporalmente bajo su control. Durante más de cien años, Estados Unidos sufrió, pues, una extrema inestabilidad territorial, la cual fue, como veremos, una de las fuentes principales de su inestabilidad política.

A lo largo del proceso de expansión territorial, la población de Estados Unidos creció más rápido que la de cualquier otro país, sobre todo por la llegada de inmigrantes más numerosos y diversos que nunca. Ninguna ley federal restringió la inmigración antes de la década de 1880. Cien años después de la entrada en vigor de la Constitución, los casi cuatro millones de habitantes iniciales se habían multiplicado por veinte hasta alcanzar los setenta y seis millones. La mayoría de los primeros inmigrantes procedían de Europa, especialmente de Gran Bretaña e Irlanda durante la primera mitad del siglo, y de tierras alemanas y escandinavas durante la segunda mitad; todos ellos se asentaron principalmente en los territorios del cuadrante noroeste de Estados Unidos, sobre todo en el Alto Medio Oeste. A mediados del siglo XIX, cerca de la mitad de la población era hija o nieta de inmigrantes posteriores a la independencia; a finales de siglo, aproximadamente una cuarta parte de la población masculina adulta continuaba siendo extranjera.

La vasta expansión territorial y el enorme crecimiento de la población pusieron ciertamente en entredicho el establecimiento y la consolidación de un régimen democrático, como temían los constituyentes. La nación estaba «construida sobre una base inestable de regiones rivales y una Constitución ambigua», como resumió el historiador Alan Taylor.[2] La transición de un imperio provisional en expansión, con relaciones asimétricas entre el centro y los territorios, a una federación democrática más estable llevó más de ciento veinte años. Fue necesario fijar las fronteras del país, organizar todo el nuevo territorio como estados con reglas democráticas sancionadas y crear o adaptar instituciones federales.

Algunas asimetrías en las relaciones entre el centro y los estados se fueron reduciendo. Los colonos de los lindes sur y oeste habían establecido condados, muchos de ellos con nombres indios, franceses o españoles, y gobiernos territoriales más amplios que combinaban una asamblea elegida con un gobernador, sheriffs y otros funcionarios nombrados desde Washington. No fue hasta 1912 cuando se instituyeron los cuarenta y ocho estados que abarcaban casi todo el territorio (mientras que Alaska y Hawái, sin conexión territorial, se estatizarían unas décadas más tarde). La condición de estado implicaba derechos de ciudadanía, incluida la elección de sus propios altos cargos y sus representantes, senadores y presidente federales.

Solo entonces, a principios de la segunda década del siglo XX, se completó una importante, aunque todavía parcial, institucionalización federal. En esos años se crearon instituciones fundamentales para bienes públicos básicos como la moneda, las finanzas y la seguridad: la Reserva Federal, un impuesto federal permanente sobre la renta y la Oficina Federal de Investigación (FBI). Al mismo tiempo, el número de escaños en la Cámara de Representantes dejó de aumentar con la población, lo que tuvo efectos restrictivos sobre la representación, como comentaremos. Además, los senadores federales dejaron de ser

designados por las asambleas estatales para ser elegidos popularmente mediante una fórmula general para todos los estados, lo
que aumentó el partidismo.

La solidificación interna permitió la acción exterior. Cuando las fronteras del país se consideraron casi definitivas y se establecieron la mayoría de las instituciones federales básicas, los
Estados Unidos comenzaron a desarrollar una política exterior
relacionada con algo más que el subcontinente norteamerica-
no. Con su intervención en la Gran Guerra, más tarde conocida
como Primera Guerra Mundial, los Estados Unidos de América
iniciaron su participación en conflictos internacionales no vin-
culados al establecimiento de sus propias fronteras.

TODA LA POLÍTICA ES TERRITORIAL

La inestabilidad de los límites del país y su enorme diversidad
territorial han sido una fuente de tensión permanente y han
dificultado la gobernanza homogénea y coherente de toda la
federación. Siempre ha habido problemas para combinar las
diferentes mayorías potenciales de los distintos estados en la
toma de decisiones federales. A diferencia de un imperio, una
federación es jurídicamente simétrica; sin embargo, Estados
Unidos no está muy unificado.

Los estados que conforman la Unión difieren según su origen. Unos resultaron de la descolonización británica; otros, de la
compra de territorios a Francia, España o Rusia; algunos fueron
anexionados mediante la infiltración de población en estados
previamente independientes; y la mitad de México fue ocupada
por el ejército. También hay, por supuesto, una variedad de es-
tructuras económicas, étnicas y culturales que se expresan como

diferentes intereses que deben defender los representantes locales y estatales en la política federal.

En concreto, el tamaño de los estados varía mucho, lo que en numerosos casos es el resultado de decisiones fortuitas. Los límites territoriales de los primeros estados se trazaron con base en las antiguas colonias, que en algunos casos habían existido durante ciento cincuenta años. Algunos estados independientes ya existentes, como California, Florida, Texas y, por supuesto, Hawái, tienen su propia silueta. Sin embargo, para las nuevas tierras se adoptó el criterio de que todos los estados debían tener la misma superficie. De hecho, muchos de ellos son rectangulares y abarcan tres o cuatro grados de longitud y hasta siete de latitud. Como resultado de estos orígenes diversos, las diferencias de tamaño entre los estados son enormes: el más poblado, California, tiene setenta veces más habitantes que el que menos, Wyoming. Esta diversidad de origen y tamaño ha creado desequilibrios territoriales de representación popular en el Senado y en el Colegio Electoral presidencial que han producido resultados electorales controvertidos.[3]

Durante muchos años, los esfuerzos sostenidos de expansión y homogeneización federal provocaron intentos de secesión de diferentes estados, lo que revelaba el mayor apego de los ciudadanos a los estados que a la nueva Unión. Durante la Guerra de 1812 contra Gran Bretaña, cinco estados del nordeste, en Nueva Inglaterra, se opusieron a las restricciones al comercio exterior y a los poderes de guerra presidenciales, exploraron una paz por separado con los británicos y convocaron una convención para considerar la secesión de la Unión. Cuando el Congreso aprobó aranceles protectores para los estados del Norte en 1828 y 1832, los estados del Sur, orientados a la agricultura y la exportación, liderados por Carolina del Sur y a los que pronto se unió

Georgia, «anularon» las decisiones federales dentro de las fronteras estatales, hasta que esas decisiones fueron impuestas militarmente por la Presidencia. Maine se separó de Massachusetts con motivo del llamado «Compromiso de Missouri» sobre el mantenimiento de la esclavitud en algunos territorios. Más tarde, como es sabido, la cuestión de la esclavitud produjo una polarización extrema que condujo a la secesión de once de los treinta y cuatro estados entonces existentes y desencadenó la Guerra Civil.

El expresidente de la Cámara de Representantes, Thomas «Tip» O'Neill Jr., acuñó una frase famosa: «Toda la política es local». Se refería principalmente al localismo de la Cámara, que es el resultado de elecciones en distritos pequeños con un solo representante y que tiende a centrarse en la asignación territorial de las inversiones públicas, el gasto y el «unto». Con una perspectiva un poco más amplia, podríamos decir que toda la política es estatal en el Senado, donde compiten estados grandes y pequeños, rojos y azules, y que toda la política es regional en el Colegio Electoral presidencial, en el que la cuestión es quién gana en las dos costas, en el Sur y en el Medio Oeste. En realidad, en Estados Unidos no toda la política es local, pero toda la política es territorial. Es local, estatal o regional porque el país es muy grande y diverso y, por tanto, difícil de gobernar sin tensiones territoriales.

GUERRA EXTERNA CON PAZ INTERNA Y VICEVERSA

Un imperio es típicamente diverso y asimétrico hacia adentro y está unido solo hacia afuera. Es una ley sociológica general que, cuando un grupo humano percibe una amenaza existencial externa, aumenta su cohesión interna. En un país de tamaño imperial como Estados Unidos, la política principal es la política exterior; cuando se enfrenta a una amenaza existencial extranjera o se involucra en una guerra patriótica internacional, su cohesión interna y su unidad nacional, que de otro modo serían difíciles, aumentan. La paz interna se consigue centrándose en el enemigo exterior, rebajando la diversidad territorial y evitando otras cuestiones potencialmente controvertidas, lo que hace que la vida política gire en torno a una agenda estrecha y consensuada.

En resumen, una amenaza externa, un conflicto o una guerra van de la mano de la paz interna, una agenda restringida y acuerdos consensuados. A la inversa, la paz exterior, como en el periodo posterior a la Guerra Fría, va unida a la agitación interior. La reducción de la relevancia de la política exterior favorece la emergencia de las rivalidades territoriales y las cuestiones internas controvertidas que antes se habían domesticado o evitado. En muchas ocasiones, estas cuestiones no pueden ser resueltas con éxito y de forma duradera por las ineficientes instituciones existentes.

3

Montesquieu no hablaba inglés

En los debates de Filadelfia sobre una nueva Constitución, el autor más mencionado y citado fue el francés Charles-Louis de Secondat, barón de La Brède y de Montesquieu. Varios delegados lo calificaron como «el grande», «el célebre» y, según James Madison, «el oráculo que siempre se consulta y se cita». La principal obra de Montesquieu, *El espíritu de las leyes*, fue un estudio pionero que describe y compara los sistemas constitucionales de diferentes países. Había sido publicado casi cuarenta años antes, en 1748, y la primera edición en inglés apareció en Londres en 1750, traducida de forma imprecisa, como veremos, por el reportero Thomas Nugent. Muchos delegados en Filadelfia trataron de utilizar las lecciones y los consejos de Montesquieu como referencia e inspiración para el diseño de la Constitución de Estados Unidos.

Thomas Jefferson había criticado la «falacia de Montesquieu» de reducir la viabilidad de la democracia a los países pequeños. Sin embargo, el barón francés había ofrecido una solución: para que una pequeña república no fuera destruida por una gran potencia extranjera, debía formar una gran «República Confederada compuesta por pequeñas repúblicas».

De hecho, esto es lo que habían formado las colonias rebeldes americanas durante la Guerra de la Independencia. Los llamados Artículos de la Confederación habían creado una Confederación de trece repúblicas pequeñas, libres e independientes, centradas en su defensa común y en los asuntos exteriores. Los delegados designados por las asambleas estatales se reunían periódicamente en el Congreso en Nueva York con un voto por estado. Se nombraba un presidente ceremonial y administrativo que era sustituido cada año. No existían departamentos ejecutivo o judicial.

En Filadelfia se pretendía fortalecer la Unión mediante la creación de un ejército y una marina que sustituyeran a las milicias estatales, así como un ejecutivo nacional y un judicial general. Un gobierno nacional firme absorbería poderes más amplios de los estados, especialmente en materia de impuestos y comercio exterior. Durante el debate en la Convención, los delegados se refirieron indistintamente a los poderes del futuro gobierno «confederal» o «federal». Aunque las doctrinas jurídicas posteriores establecerían distinciones precisas entre las dos formas políticas, en aquel momento hubo un debate abierto, no predeterminado, sobre cómo debían repartirse los poderes entre las instituciones centrales y estatales. En una inversión de la consigna independentista, el criterio principal era que no debía haber representación sin impuestos, especialmente las contribuciones de los estados al ejército de la Unión. La diferencia entre «confederación» y «federación» se trató como una cuestión de grado, aunque el reparto de competencias cuestionaba la noción de soberanía.

Para algunos, la previsión de un gobierno nacional firme suscitaba el temor de una excesiva concentración de poder en un país grande, lo cual, también según Montesquieu, reproduciría una monarquía tiránica. También se buscó una respuesta a este peligro en la obra del barón francés: los Estados Unidos deberían establecer un sistema con controles mutuos entre las instituciones para limitar el poder del gobierno nacional, como el que supuestamente tenía Gran Bretaña. Unos poderes limitados en el centro darían libertad a los estados.

Inspirado por Montesquieu, Alexander Hamilton declaró su creencia de que «el gobierno británico constituye el mejor modelo que ha producido el mundo», y James Madison sostuvo que «el ejemplo más regular de poderes separados está en la Constitución británica».

El capítulo de Montesquieu en *El espíritu de las leyes* sobre «La Constitución de Inglaterra» sería el modelo para los constituyentes americanos. El autor hacía hincapié en los controles mutuos entre el «sagrado» monarca ejecutivo, la aristocrática y hereditaria Cámara de los Lores y la popularmente elegida Cámara de los Comunes. El barón francés escribió:

> Estando el cuerpo legislativo compuesto por dos partes [los Lores y los Comunes], se controlan mutuamente mediante el privilegio de rechazar [la legislación de la otra cámara]. Ambos están limitados por el poder ejecutivo, que tiene una participación en el legislativo por el poder de rechazar [vetar], como el ejecutivo lo está por el legislativo.

Este modelo se importaría a los Estados Unidos. El órgano legislativo también estaría compuesto por dos partes —en este caso, el Senado y la Cámara de Representantes— que se controlan mutuamente. Ambos estarían también limitados por el poder ejecutivo, en este caso el presidente, que tendría una participación en el legislativo por su poder de vetar proyectos de ley, al igual que el ejecutivo estaría limitado por el legislativo por la posibilidad de impugnación o *impeachment*.

En la Constitución imaginaria de Inglaterra descrita por Montesquieu los poderes de las tres instituciones estaban tan vigilados y limitados por controles mutuos que el resultado más probable era la parálisis gubernamental. El barón sostenía que, para evitar los abusos, «el poder debe parar [*arrêter* en francés] el poder»; parar, no solo «checar» o controlar, como se tradujo con descuido. En palabras de Montesquieu, con estas reglas, «estos tres poderes deberían formar naturalmente un estado de reposo o inacción». En el caso, tal vez improbable o infrecuente, de que los asuntos públicos requirieran alguna acción, concedía que los tres poderes estarían «obligados a moverse, pero en concierto». Madison solo parafrasearía ambiguamente: «Hay que hacer que la ambición contrarreste la ambición».[1]

Había un problema: Montesquieu no había entendido cómo funcionaba realmente el sistema británico. Lo que él describía se acercaba más a un modelo anticuado y desfasado que, en el mejor de los casos, podía identificarse con un periodo pasado transitorio y provisional de la historia de Inglaterra. No se correspondía con el sistema político en marcha cuando visitó Londres, y menos aún con las prácticas contemporáneas a los constituyentes reunidos en Filadelfia varias décadas después. Al seguir el obsoleto relato de Montesquieu, los autores de la Constitución de los Estados Unidos malinterpretaron la fuente.

LA INGLATERRA OBSOLETA DE MONTESQUIEU

En busca de información para su obra comparativa, Montesquieu había visitado Londres durante unos diecisiete meses entre 1729 y 1731. Su investigación fracasó, en parte porque «podía leer inglés y había comprado diccionarios, pero hablar u oír era otra cosa... Parece razonable suponer que, cuando Montesquieu asistía a los debates parlamentarios, la mayor parte de los argumentos pasaban por encima de su cabeza», según describe el jurista Iain Stewart. Montesquieu también «tenía cierta dificultad para copiar palabras en una lengua extranjera», según el filólogo Robert Shackleton.

La personalidad de Montesquieu estaba empañada por una «apocada timidez», como señala el politólogo Franz Neumann, y parece que pasó la mayor parte de su tiempo en Inglaterra con personas capaces de conversar con él en francés. Entre ellos se encontraban dos refugiados de la persecución de los protestantes en Francia: Pierre Coste, que había traducido al francés la teoría de la división de poderes de John Locke, y Paul de Rapin de Thoyras, autor de una historia de Inglaterra en francés.[2]

La principal influencia intelectual inglesa de Montesquieu fue Henry St. John, vizconde de Bolingbroke, que hablaba un francés fluido tras haber pasado ocho años de exilio en Francia. Había sido expulsado de la Cámara de los Lores acusado de traición por apoyar una rebelión jacobita para restaurar la antigua dinastía de los Estuardo en 1715. De vuelta en Inglaterra, Bolingbroke era el archienemigo del Primer Ministro en ejercicio, Robert Walpole, el primer jefe del ejecutivo confirmado formalmente por el Parlamento antes de ser nombrado por el rey. Cuando conoció a Montesquieu, Bolingbroke seguía buscando un «rey patriótico». Era autor de numerosos panfletos y editor de una revista política, *The Craftsman*, que Montesquieu utilizó como fuente de referencia.

En realidad, Henry Bolingbroke no defendía una teoría de la separación de poderes, sino una mítica constitución antigua que supuestamente daba forma a un «régimen mixto» equilibrado o «monarquía limitada». Bolingbroke describía la constitución inglesa ideal como una «mezcla de poder monárquico, aristocrático y democrático, doblados juntos en un sistema, y por estos tres estamentos equilibrados entre sí». La autoridad legislativa se asignaba al rey, a los nobles y al pueblo conjuntamente, no por separado. En ese pacto, el monarca hereditario era la figura dominante, ya que también ejercía el pleno poder ejecutivo y «otros varios poderes y privilegios, que llamamos prerrogativas». Pretendía ser una versión edulcorada de la monarquía medieval atemperada por «poderes intermedios» de los privilegios feudales y comerciales.

El modelo de Bolingbroke no solo era anticuado, sino que además tergiversaba el periodo anterior. Durante el siglo XVII, el rey y el Parlamento se habían enfrentado para decidir cuál de los dos debía prevalecer a medida que el sistema evolucionaba desde una monarquía absolutista hacia un régimen parlamentario. El proceso comportó una continua y tensa interacción entre ambos poderes. El Parlamento contrarrestaba las decisiones objetables del rey mediante la destitución de sus ministros, no solo por su comportamiento delictivo, sino también por conflictos políticos y por introducir un «gobierno arbitrario y tiránico». La «impugnación» de los ministros, también llamada «judicatura parlamentaria» o «denuncia», se llevaba a cabo a razón de una o dos cada año. El conflicto entre el rey y el Parlamento que Bolingbroke alababa como un régimen mixto equilibrado, en realidad había generado una guerra civil, una dictadura temporal, una revolución y, finalmente, el ascenso del Parlamento. En palabras de Robert Shackleton, «Bolingbroke transmitió a Montesquieu una visión interesada, tendenciosa e irreal de la Constitución británica».

Siguiendo a Bolingbroke, el modelo de Montesquieu no era el de la separación de poderes, sino el de tres órganos que representaban a tres grupos sociales diferentes. La Corona, los Lores y los Comunes eran órganos separados, sin superposición de miembros, pero compartían poderes y tenían una interacción e interferencia regular.

Unos años más tarde, todavía antes de la Convención estadounidense en Filadelfia, el jurista inglés William Blackstone publicó otra interpretación tradicionalista de las antiguas leyes de Inglaterra. Al igual que Bolingbroke, insistió en ver el sistema británico como una combinación de una «rama monárquica, una aristocrática y una democrática». Pretendía que, como el sistema «está formado por las tres ramas, poseerá las ventajas de todas ellas juntas», las cuales identificaba como la fuerza monárquica, la sabiduría aristocrática y la honestidad democrática, respectivamente.

El demócrata liberal Jeremy Bentham se burló de la idea de mezclar tres principios en un sistema como si se tratara de imitar a la Santísima Trinidad. Señaló que, «por la misma lógica, podría demostrarse que una constitución mixta reúne no todas las perfecciones, sino todos los vicios», que podrían resumirse en la arbitrariedad monárquica, la codicia aristocrática y la demagogia popular.

A falta de un conocimiento fiable del sistema británico realmente existente, Montesquieu se dio por vencido y se limitó a reproducir lo que le habían contado sobre el Antiguo Régimen idealizado que supuestamente había existido en Inglaterra antes de su tiempo. Al final de su influyente capítulo sobre la Constitución de Inglaterra, confesó que no estaba tratando con hechos. Escribió: «No es mi asunto examinar si los ingleses disfrutan realmente de esta libertad o no. Me basta con observar lo que establecen sus leyes; y no indago más».[3]

LA VERDADERA GRAN BRETAÑA

En realidad, las instituciones británicas habían evolucionado hacia un régimen parlamentario anulando los poderes del rey desde finales del siglo XVII, cuando el Parlamento empezó a convocarse y disolverse a sí mismo y a aprobar los impuestos. Los poderes legislativos de la Corona apenas existían desde la última vez que la Reina Ana Estuardo vetó un proyecto de ley del Parlamento negando su «asentimiento» en 1708, cuarenta años antes del libro de Montesquieu y casi ochenta antes de la Convención de Filadelfia.

En cuanto a los poderes ejecutivos reales, un monarca más débil seleccionaba al primer ministro y a sus ministros sometidos a sanción parlamentaria, lo que hacía innecesaria su destitución. Los miembros del Parlamento dejaron de impugnar a los ministros del Rey Jorge I de Hannover en 1716. La mayoría del Parlamento respaldó el nombramiento real de los primeros ministros y jefes de Gabinete desde las elecciones de 1722.

No existía un «régimen mixto» ni un «equilibrio de poderes» en Gran Bretaña. El péndulo del poder había oscilado hacia la cámara baja del Parlamento. En 1741, el ilustrado economista político David Hume escribió en un artículo sobre la independencia del Parlamento: «El poder ejecutivo en todos los gobiernos está totalmente subordinado al legislativo. La cuota de poder asignada por nuestra Constitución a la Cámara de los Comunes es tan grande que dirige absolutamente a todas las demás partes del Gobierno».[4]

Montesquieu no estaba al tanto de estos desarrollos cuando escribió engañosamente en *El espíritu de las leyes*: «Cuando los poderes legislativo y ejecutivo están unidos en la misma persona, o en el mismo cuerpo de magistrados, no puede haber libertad», una interpretación que James Madison citó literalmente en *El federalista*.

Ni el filósofo francés ni los constituyentes americanos comprendieron cómo los partidos políticos emergentes hacían viable la cooperación entre instituciones en libertad, ya que el partido mayoritario en el legislativo elegía al ejecutivo, y esto hacía que el sistema fuera más eficaz que la separación de poderes. Así, rechazaron recalcitrantemente a los partidos políticos por considerarlos «facciones corruptas», lo que abrió la puerta al surgimiento imprevisto de un sistema bipartidista de confrontación, como veremos más adelante.

En la Convención de Filadelfia abundaron las referencias a la peculiar excelencia de la Constitución inglesa, tal y como la describía deformadamente el francés barón de Montesquieu. Como trató de resumir Madison, en ese estandarte y espejo de la libertad política, «el magistrado [rey] en quien reside todo el poder ejecutivo puede poner una negativa absoluta [veto] a toda ley y nombra a los que administran la justicia». Con esta afirmación, Madison reunió tres grandes errores en pocas palabras: de hecho, el rey no era el ejecutivo, no ejercía veto sobre la legislación y no nombraba a los jueces. Asimismo, Gouverneur Morris asumió que «el rey, por su influencia, dicta en cierto modo las leyes». Y más o menos lo mismo dijeron otros delegados.

Solo Benjamin Franklin, que había vivido en Gran Bretaña en tres periodos durante un total de casi veinte años, señaló en una ocasión: «Lo cierto es que el rey de Gran Bretaña no ha ejercido, como se ha dicho, el [veto] negativo desde la Revolución... y todo se hace según la voluntad de los ministros». En realidad, el rey se había convertido en una figura ceremonial, y el modelo parlamentario era más flexible y eficaz que el sistema estadounidense de separación de poderes. Pero el ilustre mister

Franklin no tuvo, como es sabido, una gran influencia en la redacción de la Constitución de Estados Unidos, que declaró que firmaba a pesar de no aprobar algunas de sus partes.[5]

Es posible que los constituyentes de Filadelfia estuvieran algo confusos respecto al desequilibrio de poderes en Gran Bretaña por el uso arbitrario del veto sobre las asambleas coloniales por el Rey Jorge III y los gobernadores designados por él. El rey también había actuado de forma desmedida durante la Guerra Revolucionaria, cuando intentó impedir por la fuerza la independencia de las colonias americanas. Es posible que los independentistas americanos hubieran deducido erróneamente que el monarca seguía siendo el jefe del ejecutivo, como lo fueron algunos de sus predecesores, y no solo en asuntos coloniales y exteriores, sino también en política interior.

Más desconcertante es la miopía voluntaria de John Adams, el primer embajador de Estados Unidos en Gran Bretaña durante casi tres años y ausente de la Convención de Filadelfia. Adams, que se convertiría en el primer vicepresidente de Estados Unidos y en el segundo presidente, era sospechoso de tener inclinaciones monárquicas. Propuso llamar a George Washington «Su Majestad el Presidente», creía inevitable el gobierno hereditario y, después de que el mandato de Washington sin hijos lo impidiera, sería el primero en hacer que su hijo se presentara a la Presidencia.

Según David McCullough, su biógrafo, John Adams estaba algo encaprichado con el Rey Jorge III. Sin embargo, el afecto no era recíproco. Adams era visto en Gran Bretaña, en primer lugar, como uno de los autores de la Declaración de Independencia, que calificaba al rey de «tirano» y enumeraba sus crímenes, y el Gobierno británico no estaba dispuesto a cooperar con un traidor y rebelde como él. El secretario de Asuntos Exteriores británico entregó a Adams la factura de las deudas por las confiscaciones de bienes y esclavos y le recordó que las tropas británicas seguían asentadas en Norteamérica. Según el relato de McCullough: «En general, la actitud [del Gobierno británico] hacia América —[Adams] se había dado cuenta— era apenas menos hostil de lo que había sido durante la guerra [...]. En realidad, el ministro [embajador] de Estados Unidos y su familia estaban siendo ignorados de forma flagrante. Su "sociedad" se limitaba casi por completo a otros americanos que vivían en Londres».

El conocimiento y la comprensión de John Adams del real sistema político británico eran al parecer, cuando menos, leves. Muchos años después, todavía expresaría su admiración por la principal fuente de Montesquieu, el monárquico Henry Bolingbroke, cuyas obras Adams aseguró «haber leído más de cinco veces en [su] vida».[6]

SEPARACIÓN SIN FUSIÓN

Las comparaciones académicas retrospectivas de la llamada Constitución de Inglaterra y la de Estados Unidos han aclarado sus cruciales diferencias. Un analista de las normas y costumbres británicas muy autorizado y citado fue Walter Bagehot, cuyas obras de mediados del siglo XIX siguen siendo una referencia. También fue editor de la revista *The Economist*, que aún hoy le rinde homenaje cada semana publicando un análisis de la política británica con su nombre como seudónimo. El diagnóstico de Bagehot fue contundente:

Los americanos de 1787 pensaban que estaban copiando la Constitución inglesa, pero estaban ideando un contraste con ella. Las teorías acreditadas [una alusión a Montesquieu] decían que la Constitución inglesa dividía la autoridad soberana, y por imitación los americanos dividieron la suya. [Sin embargo,] ahora el verdadero poder no está en el Soberano, está en el Primer Ministro y en el Gabinete nombrado por el Parlamento.

Bagehot describió el «eficiente secreto» de la Constitución inglesa como un sistema no de separación de poderes sino de «fusión casi completa de los poderes ejecutivo y legislativo, siendo el vínculo de conexión el Gabinete». No es solo que el Gabinete deba ser apoyado por el partido mayoritario en el Parlamento, sino que el primer ministro y los ministros del Gabinete deben ser también, personalmente, miembros del Parlamento.

Bagehot consideraba que la fusión de poderes en Gran Bretaña se producía por las amenazas de destrucción mutua asegurada, una observación interesante que puede ayudar a entender cómo funciona el muy diferente sistema estadounidense. Por un lado, el Parlamento británico no solo nombra, sino que también puede destituir y cambiar al primer ministro mediante un voto de censura. Por otro lado, el primer ministro puede disolver el Parlamento y convocar elecciones antes del fin del término legislativo. Es el temor a estas «amenazas de muerte» lo que mueve a los dos órganos a cooperar. Bagehot también señaló que, para la formación de una mayoría política única en la Cámara de los Comunes que ejerza funciones legislativas y ejecutivas, «el partido es su esencia, algo inherente».

Podemos ver el contraste con la Constitución de Estados Unidos. El Congreso legislativo y el presidente ejecutivo no están fusionados porque se eligen por separado, con reglas y calendarios diferentes; sus miembros ocupan cargos incompatibles, y cada institución puede contar con apoyos políticos diferentes. Por un lado, las dos cámaras del Congreso pueden destituir al presidente con gran dificultad, pero no pueden nombrar uno nuevo. Por otro, el presidente puede vetar la legislación, sujeta a una posible anulación, pero no puede disolver el Congreso. En comparación con las amenazas mortales en Gran Bretaña, estos dos controles son más débiles e insuficientemente aterradores para promover una cooperación sostenida. Cuando dos partidos políticos opuestos tienen mayoría en el Congreso y apoyan al presidente, estas amenazas no mortales, menos vigorosas, no tienden a producir cooperación sino agravios y conflictos.

Otro académico británico, James Bryce, que visitó Estados Unidos varias veces durante quince años a finales del siglo XIX antes de convertirse en el embajador británico en Washington, elaboró un análisis crítico paralelo. Su monumental libro *The American Commonwealth*, publicado por primera vez cien años después de la Convención de Filadelfia, es un clásico de la ciencia política. En él observó que «la Constitución británica se convirtió en un modelo para el nuevo gobierno nacional» porque los constituyentes americanos «consideraban que Inglaterra era el país más libre y mejor gobernado del mundo». Sin embargo, señaló «una profunda diferencia»:

> El Parlamento británico [...] puede hacer y deshacer cualquier ley, cambiar la forma de gobierno o la sucesión de la Corona, interferir en el curso de la justicia [...]. En el sistema americano no existe tal organismo [...]. El cargo de presidente ha conservado derechos de los que su prototipo, el rey inglés, había sido gradualmente despojado. Por otra parte, el Congreso se debilitó, en comparación con el Parlamento británico, y perdió ese control directo sobre el ejecutivo.

Bryce confirmó, así, que «los Padres de la Constitución de Estados Unidos no adoptaron el sistema parlamentario o de gabinete inglés. No pudieron adoptarlo porque no conocían su existencia», señaló. Una explicación importante de su desconocimiento fue que «las autoridades reconocidas no lo mencionaban. No hay ni una palabra en Blackstone, y mucho menos en Montesquieu».[7]

UN IMPERIO LIMITADO HACIA DENTRO Y ORIENTADO HACIA FUERA

Los autores de la Constitución de Estados Unidos solían decir, retóricamente, que el modelo británico era el mejor. Lo que en realidad eligieron fue un sistema de separación de poderes y de controles mutuos que no existía en Gran Bretaña porque, aunque querían un «gobierno nacional firme», temían un exceso de democracia y de concentración de poder. El modelo erróneo de Montesquieu se ajustaba a su plan y lo tomaron como justificación; no les importaba mucho si realmente reflejaba el sistema político británico que ensalzaban en su confusa imaginación.

La gran cuestión que puede plantear la opción de los constituyentes es la siguiente: si lo que realmente deseaban era tanta separación de poderes y tantos controles como para paralizar el gobierno, ¿para qué querían un gobierno nacional? La respuesta más lógica, como se ha comentado en el capítulo anterior, es que el objetivo principal del plan era construir una defensa nacional frente a los enemigos extranjeros mediante un nuevo y poderoso ejército, así como la administración nacional y los impuestos para mantenerlo. Desde este punto de vista, los Estados Unidos de América siguieron siendo un «imperio» durante mucho tiempo, a pesar de la Constitución federal, en el sentido de que la médula del sistema político e institucional sería la expansión territorial, las fronteras y los asuntos exteriores. Sin embargo, como veremos, las relaciones exteriores, con sus altibajos, también marcarían el destino de la política interna con consecuencias imprevistas.

Un rey electo con el nombre de presidente

Cómo seleccionar un sustituto del tradicional rey ejecutivo fue la cuestión más problemática en la Convención constituyente. A última hora, los delegados se decantaron por la elección indirecta de un ejecutivo unipersonal, el presidente, basado en un Colegio Electoral que sería seleccionado por los estados. Si ningún candidato obtenía el apoyo mayoritario de los electores del Colegio, la elección se trasladaría a la Cámara de Representantes. En la práctica, rara vez la elección se ha trasladado a la Cámara, al menos cinco presidentes han recibido menos votos populares que el candidato perdedor, y alrededor de un tercio de los presidentes han sido apoyados por solo una minoría de votos populares.

A pesar de estos sesgos de las elecciones presidenciales, los controles existentes están ampliamente desequilibrados en favor de la Presidencia y sus poderes. De hecho, los presidentes han vetado miles de leyes del Congreso, han nombrado a cientos de miembros del Gabinete, jueces, oficiales ejecutivos y militares, y han indultado a miles de delincuentes, todo ello casi sin controles. Al mismo tiempo, ha habido un impulso sostenido para que la Presidencia sea aún más poderosa, capaz no solo de bloquear las iniciativas del Congreso, sino también de impulsar las suyas propias. Los poderes presidenciales han aumentado enormemente, a menudo a expensas del Congreso, especialmente impulsados por las guerras. Sin embargo, los presidentes que se extralimitan en sus funciones no son un buen remedio para el bloqueo político.

4

La arcaica elección presidencial

El tema de los poderes y la elección del presidente, que se concibió como un sustituto del rey ejecutivo tradicional, fue el más difícil y el que más tiempo de debate tomó a los constituyentes durante la Convención de Filadelfia. En ningún otro momento fue tan clara la tensión entre el miedo a crear una nueva monarquía tiránica, por un lado, y el temor a una democracia anárquica, por otro. La fórmula finalmente elegida, el Colegio Electoral, pudo haber sido completamente diferente. Debido al poder creciente de la Presidencia, el procedimiento de elección del ejecutivo unipersonal se convertiría en un elemento de la mayor importancia en el sistema político de Estados Unidos.

Los delegados dedicaron veintiún días a la cuestión de cómo elegir al presidente. Realizaron varias rondas de votaciones en las que la asamblea aprobó, desestimó y reconsideró cada una de las propuestas. Algunos delegados dieron marcha atrás en sus posiciones en diferentes momentos, y otros buscaron compromisos en métodos mixtos. Finalmente, la decisión se trasladó a un pequeño comité, el cual produjo una complicada fórmula que aún fue modificada y reformada de forma significativa por la reunión plenaria, que estaba medio vacía.

UN MONARCA ELECTO

La propuesta monárquica fue presentada de un modo más explícito por Alexander Hamilton. El delegado de Nueva York no asistió a la mayoría de las sesiones de la Convención, pero el 18 de junio se presentó, tomó la palabra y pronunció un preparado discurso durante más de cinco horas, sin pausa para el almuerzo, que dejó atónitos a los delegados. Hamilton propuso un presidente que fuera elegido por electores y ejerciera su cargo de forma vitalicia. Este «monarca electivo» nombraría a los gobernadores de los estados y podría vetar las leyes estatales. En el ámbito federal, el presidente sería el árbitro de los esperados conflictos regulares entre el Senado, también designado de por vida, y la Cámara. «Este control es un monarca —sugirió— capaz de resistir la corriente popular». El presidente, con veto absoluto sobre la legislación del Congreso, sería «un saludable control sobre el cuerpo legislativo».

Según Ron Chernow, su biógrafo, Hamilton había escrito en sus notas personales para el discurso en la Convención que el presidente no solo sería nombrado de por vida, sino que «debería ser hereditario y tener tanto poder que no le interesaría arriesgar mucho para adquirir más». Sin embargo, probablemente al percibir la reticencia de la audiencia a sus propuestas ya presentadas, se saltó esa parte.

La propuesta de una monarquía no fue aceptada por la Convención, pero Hamilton tuvo éxito en la decisión de establecer un ejecutivo unipersonal, en lugar de un gabinete ejecutivo colectivo con ministros y un primer ministro, favoreciendo así una alta concentración de poder. El primer presidente fue el vencedor militar de la guerra fundacional, como había ocurrido en la mayoría de las monarquías. Tal y como se aprobó, el presidente podía presentarse a la reelección indefinidamente.

En realidad, la influencia de Hamilton se extendió más allá del texto constitucional. En la trayectoria a largo plazo del paquete institucional estadounidense los poderes fácticos del presidente aumentarían, habitualmente con el apoyo de argumentos típicamente hamiltonianos de conveniencia y eficacia. Ya en su campaña en Nueva York, Hamilton insistió en que «la energía en el ejecutivo es un carácter principal en la definición del buen gobierno [...]. Decisión, actividad, secreto y diligencia, generalmente caracterizarán el proceder de un solo hombre en un grado mucho más eminente que el proceder de un número mayor» (como en un Gabinete o un Congreso), especialmente para la conducción de la guerra.[1]

Un ciclo de votaciones

Para la elección del presidente, inicialmente surgieron en la Convención tres propuestas básicas: la elección indirecta por el Congreso, la seleccion por delegados de los estados y la elección directa por el pueblo. Los promotores más visibles de estos tres procedimientos fueron, respectivamente, los federalistas de Virginia, los republicanos de Pensilvania y los delegados de los estados más pequeños.

La primera propuesta, de los federalistas de Virginia, fue la elección indirecta del presidente ejecutivo por el Congreso legislativo, como en un régimen parlamentario. Esta propuesta favorecía un gobierno central firme, en el que el presidente iniciaría la legislación central y los tratados internacionales, y era congruente con la forma en que estaban organizados la mayoría de los estados de la Confederación entonces existente, con el gobernador elegido por la Asamblea.

Sin embargo, el régimen parlamentario recibió una doble oposición. Por un lado, la resistencia de los delegados de los estados cuya influencia en el Congreso habría sido menor, es decir, los estados pequeños y los del Sur, esclavistas, donde el derecho de voto estaba asignado a proporciones menores de la población que en el Norte. Por otro lado, el rechazo rotundo de quienes defendían la separación de poderes entre el ejecutivo y el legislativo.

Los estados pequeños propusieron que el ejecutivo federal fuera designado por los gobiernos estatales con un voto por estado. Esta propuesta era coherente con la forma en que se elegía el Congreso Continental en aquel momento, según las normas de la Confederación. También estaba en consonancia con la decisión anterior de formar el Senado con el mismo número de escaños por estado, independientemente de la población, cuyos ocupantes serían nombrados por las asambleas estatales. Naturalmente, fue rechazada por los federalistas y resistida inicialmente por los republicanos.

La tercera propuesta, de los republicanos de Pensilvania, fue la elección directa del presidente por el pueblo. Sus defensores argumentaban que así se establecería una clara separación de poderes respecto del Congreso. Sin embargo, concedían al comandante en jefe no solo poderes ejecutivos, incluido el nombramiento de numerosos cargos, sino también injerencia legislativa al otorgarle un veto cualificado sobre la legislación. El principal defensor de la elección directa, Gouverneur Morris, había sido diez años antes el redactor de la Constitución del estado de Nueva York, que creó la figura de un fuerte gobernador ejecutivo elegido por el pueblo. Como era de esperar, la propuesta fue resueltamente rechazada por los federalistas y por los estados pequeños, que habrían sido muy poco relevantes en unas elecciones con un amplio electorado nacional (como lo serían hoy si se introdujera una fórmula de este tipo).

Ninguna de las tres propuestas de elección presidencial —por el Congreso, por los estados o por el pueblo— tuvo un apoyo mayoritario en la Convención. Es posible que, si las tres propuestas se hubieran sometido a rondas de votación por pares, cada una de ellas hubiera podido ganar una ronda de votación, solo antes de perder ante la otra propuesta.

Tal y como lo ha estudiado el politólogo William Riker, esto puede llamarse un «ciclo». Es como el juego de piedra, papel, tijera, en el que las tijeras cortan el papel, el papel cubre la piedra y la piedra rompe las tijeras. En concreto, la elección indirecta por el Congreso habría perdido frente a la elección por los estados, que sería preferida por los estados pequeños y los republicanos partidarios de la separación de poderes. Sin embargo, la elección por los estados habría perdido frente a la elección directa por el pueblo, que sería preferida por los republicanos y los federalistas a favor de la creación de un gobierno nacional firme. Y la elección directa por el pueblo habría perdido frente a la elección por el Congreso, que sería preferida por los federalistas y los estados pequeños.[2]

En otras palabras, la elección indirecta por el Congreso sería derrotada por la elección por los estados, la cual sería derrotada por la elección directa por el pueblo, la cual sería derrotada por la elección indirecta por el Congreso, y así sucesivamente. El Cuadro 1, inspirado en el análisis de Riker, representa las preferencias de tres grupos de delegados sobre las tres propuestas de votación. Obsérvese que cada propuesta es la primera, la segunda y la última preferencia de algún grupo; así, cada primera preferencia puede ser vencida por una coalición de quienes la tienen como segunda o tercera preferencia.

Grupos de delegados / Preferencia	Federalistas	Republicanos	Estados pequeños
Primera	Por el Congreso	Por los estados	Por el pueblo
Segunda	Por el pueblo	Por el Congreso	Por los estados
Tercera	Por los estados	Por el pueblo	Por el Congreso

CUADRO 1. Preferencias en la Convención de Filadelfia para elegir al presidente

El «tedioso y reiterado» debate sobre el tema registrado por James Madison fue el resultado de la falta de un claro ganador mayoritario. El hecho de que la Convención votara a favor de diferentes fórmulas durante el proceso de elaboración, discusión, revisión y aprobación de las propuestas sugiere esta dispersión subyacente de preferencias.

El movimiento crucial para detener el ciclo y llegar a un resultado fue que los republicanos a favor de los poderes separados, al parecer liderados por una maniobra oportunista de Gouverneur Morris de Pensilvania, rebajaron su apoyo a su propia fórmula de elección presidencial directa y formaron una coalición con los delegados de los estados pequeños.

La coalición predominante de los estados más grandes —Virginia, Pensilvania y Massachusetts, con más de la mitad de la población del país— se rompió en la cuestión de cómo elegir al presidente. Los delegados de Pensilvania se opusieron a la propuesta parlamentaria de Virginia en favor de los intereses de los estados pequeños y del Sur.

Los delegados tenían prisa. Si la Convención hubiera durado unos días o unas semanas más, el ciclo podría haber continuado y los mismos delegados hubieran podido seleccionar otra fórmula.

UN COMPROMISO MEDIEVALIZANTE

Durante los últimos días de la Convención el asunto se remitió a un comité del que surgió un nuevo compromiso de última hora, capaz de unir a todos los que se oponían al parlamentarismo. La nueva fórmula de elección indirecta se basaba en un colegio de electores que serían seleccionados por los estados.

La fórmula desprendía un aroma medieval. La tradición de los colegios electorales se remonta al siglo XI, cuando se empezó a utilizar para elegir a los reyes francos, carolingios, bohemios, húngaros y polacos por sus pares, que se reunían en colegios formados por duques, marqueses, condes y obispos. Fórmulas similares se utilizaron para elegir a los altos magistrados de las ciudades-repúblicas del norte de Italia, así como a los abades y abadesas de los dominicos y otras órdenes monásticas.

Poco después se creó el Cónclave de Cardenales para elegir al papa. Primero votaban los cardenales-obispos de mayor rango, que luego debían ganarse a los cardenales-sacerdotes y a los cardenales-diáconos. A menudo, esto llevaba a la discordia entre la «parte más sabia» (los obispos) y la «parte más grande» en las votaciones, lo que puede evocar el desajuste entre los electores y los votos populares en los modernos Estados Unidos. En la Iglesia medieval, una serie de candidatos se negaron a aceptar la derrota, lo que dio lugar a la autoproclamación de «antipapas» y a cismas en la Iglesia. En el siglo XIII, el Papa Gregorio tuvo que aclarar que «no se debe comparar el celo con el celo, ni el mérito con el mérito, sino únicamente el número con el número [de votos]».

Asimismo, a partir del siglo XII la elección del emperador del Sacro Imperio Romano-Germánico estuvo a cargo de un colegio formado por miembros seleccionados de la nobleza y arzobispos con diferentes calificaciones. En tres ocasiones, el colegio terminó con una división entre los electores, produciendo parejas de emperadores y antiemperadores en rivalidad. Cuando uno de los candidatos, Alfonso X el Sabio, rey de Castilla y León, obtuvo la mayoría de los votos, pero no los suficientes electores, advirtió que el emperador solo tendría autoridad real si era elegido por «la parte más grande», o sea, por una mayoría de los votos.[3]

En la Constitución de Estados Unidos el Colegio Electoral está formado por electores seleccionados en cada estado en un número igual a la suma de los representantes y los senadores federales del estado, lo que da a los estados pequeños una cierta sobrerrepresentación debido a que hay el mismo número de senadores por estado. Los propios estados deciden los procedimientos para seleccionar a los electores; la mayoría de ellos asignaron inicialmente la selección a sus asambleas legislativas estatales, pero desde la década de 1820 la asignaron cada vez más al voto popular.

El Colegio no se reúne nunca. Durante las negociaciones constitucionales se acordó que los electores se reunirían en la capital de su estado para emitir sus votos, lo que en aquel momento parecía una concesión contingente a los estados periféricos disuadidos por los altos costes de viajar a la capital del país. Pero esta decisión redujo la expectativa de que los electores utilizaran su presunta mayor capacidad de «perspicacia y reflexión» que los votantes, como habían defendido algunos republicanos. En la práctica, los electores son ciudadanos sin experiencia previa ni posterior en cargos públicos, reclutados solo por su disposición a seguir la línea del partido.

La nueva fórmula también incluía un plan B. En caso de que ningún candidato obtuviera el apoyo mayoritario de los electores en el Colegio, la elección del presidente se trasladaría a la

Cámara de Representantes entre los tres candidatos con más votos en el Colegio. Sin embargo, la decisión del Congreso se tomaría por la regla de un voto por estado, y el voto del estado se decidiría por la mayoría de sus representantes.

En resumen, el procedimiento del Colegio Electoral, en primer lugar, confirmaba que la elección presidencial estaría separada de las elecciones al Congreso y, en segundo lugar, otorgaba una sobrerrepresentación a los estados pequeños, configurando así una coalición mayoritaria de delegados opuestos al parlamentarismo.

Consecuencias inciertas

Una amplia expectativa de la época era que proliferarían los hijos predilectos de los estados como candidatos presidenciales y, como consecuencia, en muchas ocasiones no se formaría una mayoría en el Colegio. Algunos delegados supusieron que el Colegio se limitaría a nombrar una selección de candidatos entre los que la Cámara de Representantes elegiría a uno capaz de reunir el apoyo de la mayoría de los estados. Solo James Wilson pronosticó que «los caracteres continentales [*sic*] se multiplicarán a medida que nos unamos más y más, para que los electores de cada parte de la Unión puedan conocerlos y juzgarlos». En cambio, George Mason, de Virginia, confiaba en que «diecinueve de cada veinte veces» el presidente sería elegido por la Cámara de Representantes, como él mismo había postulado inicialmente. Esta confusa expectativa ayudó a algunos federalistas a aceptar el compromiso.

Dos temores habían impulsado el rechazo de la elección indirecta por el Congreso y de la elección popular directa. El primero era el temor a «la intriga, la cábala y la corrupción» en una hipotética elección por un Congreso que se veía obligado a formar una coalición mayoritaria, a partir de la cual, según Morris, «la usurpación y la tiranía parlamentaria serán la consecuencia». El segundo era el temor a la ignorancia y manipulabilidad del pueblo en una hipotética elección directa, que habría sido solo un ejemplo de la supuesta turbulencia e impulsividad general de la democracia. La elección indirecta de la poderosa figura del ejecutivo unipersonal por el Colegio aparecía implícita y felizmente privada de ambos tipos de vicios: la intriga parlamentaria y la impetuosidad democrática. Los ecos monárquicos resonaban en las paredes de la sala de la Convención.

En la ceremonia de la firma de la nueva Constitución varios delegados expresaron sus dudas sobre el resultado, en especial sobre la forma en que se había resuelto la elección del presidente. Benjamin Franklin se puso a la cabeza con un discurso escrito en el que consideraba inevitable que cualquier resultado se basara en los «prejuicios, pasiones, errores, intereses locales y opiniones egoístas» de sus autores. Se preguntaba si un texto como el sometido a votación siempre podría beneficiarse de «una mejor información o una consideración más completa, para cambiar las opiniones incluso en temas importantes». Aunque Franklin «no aprobaba en ese momento» varias partes, declaró su «consentimiento» a la Constitución «con todos sus defectos» porque pensaba que «necesitamos un Gobierno general».

Con mucha menos elocuencia, otros delegados también expresaron sus preocupaciones sobre la Constitución que firmaron. Los tres que estaban en la sala y se abstuvieron esperaban que la Constitución no sería ratificada por los estados y que produciría anarquía y guerra civil. Uno de ellos era Edmund Randolph, el delegado de Virginia que, cuatro meses antes, había presentado el plan constitucional inicial, redactado por Madison. Consideraba que el ejecutivo unipersonal aprobado era «el feto de la monarquía».[4]

PRESIDENTES MINORITARIOS

En la práctica, las expectativas de muchos constituyentes sobre el funcionamiento del Colegio Electoral han sido desmentidas. Rara vez la elección ha pasado a la Cámara de Representantes, al menos cinco presidentes han recibido menos votos populares que el candidato perdedor y muchos presidentes han sido apoyados por solo una minoría de votos populares.

En concreto, solo en dos elecciones no hubo una mayoría de electores en el Colegio y la decisión pasó a la Cámara de Representantes. En una, en 1800, el candidato más votado por el pueblo fue elegido tras largas escaramuzas; en la otra, en 1824, el candidato más votado fue derrotado por el segundo en votos. La confianza de los federalistas, expresada por Mason, de que «diecinueve veces de cada veinte» la Cámara elegiría al presidente ha sido espectacularmente refutada.

Durante casi cincuenta años no hubo un método uniforme para elegir a los electores del Colegio. Al principio, la mayoría de ellos eran seleccionados por las asambleas legislativas estatales. La competencia entre partidos hizo que un número cada vez mayor de estados escogiera a los electores presidenciales por medio del voto popular. Mediante la fórmula conocida como la «papeleta general», el votante seleccionaba la lista completa de electores de un partido. En 1836, veintitrés de los veinticuatro estados existentes lo utilizaban, lo que producía la barrida de un solo partido en cada uno de los estados.

Con electores de un solo partido en cada estado, un ganador por márgenes mínimos de votos en estados con un número suficiente de electores puede ganar el Colegio, pero perder el voto popular frente a otro candidato que gane por márgenes mayores en otros estados.

Además del presidente elegido por la Cámara, ya mencionado, en al menos otras cuatro elecciones en el Colegio el ganador en electores ha sido el perdedor en votos populares. Los presidentes así elegidos fueron Rutherford Hayes en 1876, Benjamin Harrison en 1888, George W. Bush en 2000 y Donald Trump en 2016. Se puede argumentar que el demócrata John Kennedy en 1960 también ganó el Colegio con menos votos populares que su rival si se cuentan por separado los votos de otro candidato del mismo partido que defendía los derechos de los estados y posiciones racistas en Alabama y Mississippi.

Estas han sido aberraciones impactantes, pero relativamente infrecuentes. Sin embargo, el autor de este libro comparte la preocupación de William Riker de que «mucho más grave es el hecho de que muy a menudo los candidatos ganan con menos de la mitad de los votos emitidos; y, sorprendentemente, esto no parece molestar a la gente».[5] La distorsión de que se asigne una mayoría de electores en el Colegio sobre la base de menos del 50 por ciento del voto popular nacional ha ocurrido en aproximadamente un tercio de las elecciones presidenciales: en diecinueve de cincuenta y nueve elecciones o reelecciones de dieciséis de cuarenta y seis presidentes.

Las distorsiones producidas por el Colegio Electoral al crear ganadores con un apoyo minoritario del voto popular reciben escasa atención pública. La cobertura mediática de los resultados electorales se centra en gran medida en los escaños y los electores, más que en los votos. También existe una confusión generalizada sobre el significado de las palabras *majority* y *most* votos. La regla habitual para las elecciones en los distritos de la Cámara de Representantes, los estados del Senado y el Colegio Electoral presidencial no es la regla de la mayoría, que requiere más de la mitad o el 50 por ciento de los votos. Es la regla de la pluralidad simple o mayoría relativa, que hace ganador a cualquier número o cuota de votos, sea mayor o menor del 50 por ciento, siempre que el candidato haya recibido un número mayor de votos que cualquier otro.

Si se consultan ocho grandes diccionarios de la lengua inglesa, se observa que dan a la palabra *most* dos significados diferentes. Por un lado, la palabra se define como «el mayor número», «la mayor cantidad», «más que nadie» u otras expresiones equivalentes a la pluralidad o la minoría mayor. Por otro, en los ocho diccionarios menos uno, también se define como «la mayoría».

Así, cuando se dice que un candidato ganó *most votes*, algunos pueden suponer que recibió más de la mitad o el 50 por ciento de los votos. En realidad, en muchas ocasiones solo significa que el candidato recibió un mayor número de votos que cualquier otro, pero aun así no llegó a la mayoría.[6]

Los hechos son que, en un tercio de las elecciones al Colegio Electoral presidencial, como se ha mencionado, y en casi un tercio de las elecciones a la Cámara de Representantes, como veremos más adelante, la mayoría de los votantes no votaron por el candidato o partido nacional ganador.

5

Filtros y controles sesgados

Con el objetivo de dividir y limitar el Gobierno, la Constitución de Estados Unidos sustituyó las clases sociales por sistemas electorales. En lugar de que las instituciones separadas fueran elegidas, como en el Antiguo Régimen de Inglaterra, por la realeza, la nobleza y el pueblo, las instituciones separadas de Estados Unidos son todas elegidas por sufragio adulto universal, pero a través de tres mecanismos diferentes. El presidente unipersonal es elegido indirectamente cada cuatro años por el arcaico Colegio Electoral. En cambio, los senadores son elegidos directamente cada seis años, de uno en uno, pero solo un tercio de ellos a la vez, por regla de la pluralidad, también conocida como «mayoría relativa». Y todos los miembros de la Cámara de Representantes son elegidos cada dos años en distritos más pequeños, como condados, ciudades o barrios, con un solo escaño cada uno, también por regla de la pluralidad.

Aunque los votantes sean más o menos los mismos, las elecciones separadas por reglas diferentes cada cuatro, seis y dos años para el Colegio, en estados y en distritos más pequeños, respectivamente, cada una de las cuales comporta diferentes candidatos y temas de campaña, cambios de humor colectivo y cálculos políticos, es probable que produzcan ganadores de partidos diferentes. En concreto, en las elecciones a mitad del mandato

73

presidencial para la Cámara de Representantes y un tercio del Senado, es más probable que el partido del presidente en el cargo que no es candidato pierda apoyo. En las elecciones generales de cada cuatro años, aunque cambien los ganadores en la Presidencia y en la Cámara, es probable que el Senado continúe controlado por el anterior ganador porque solo se somete a votación un tercio de los escaños. En cualquiera de las elecciones al Colegio Electoral, el Senado o la Cámara, el ganador nacional en votos populares puede ser el perdedor en electores o escaños.

Una consecuencia frecuente de estos filtros electorales para las distintas instituciones es la división del gobierno. Durante el periodo fundacional, 1789-1821, el presidente tuvo el apoyo mayoritario del Congreso durante el 89 por ciento del tiempo. En cambio, durante los doscientos años siguientes, el partido de la oposición al presidente ha controlado al menos una de las cámaras del Congreso casi la mitad del tiempo (noventa y seis de doscientos años, o el 48 por ciento).

Las proporciones de tiempo con gobierno dividido han aumentado junto con la complejidad del juego político. A lo largo de los años se han añadido más estados a la Unión, se ha incrementado el número de habitantes y de votantes, se han diversificado los intereses sociales, ha aumentado el gasto público, se han introducido en las agendas electorales muchas cuestiones sin resolver y se han incrementado el partidismo y la miopía de los políticos. Así, durante el periodo fundacional 1789-1821, solo hubo gobierno dividido el 11 por ciento del tiempo, pero durante el agitado periodo de 1821-1933, el gobierno estuvo dividido el 41 por ciento del tiempo; durante los años de la Segunda Guerra Mundial y la Guerra Fría, 1933-1993, el 46 por ciento; y en el periodo más reciente de agitación continua, desde 1993, el 63 por ciento del tiempo.

Ventajas presidenciales

Los filtros de la representación popular producen diferentes mayorías políticas simultáneas que son difíciles de combinar. Los controles mutuos entre instituciones se concibieron como poderes negativos para evitar que alguna de las mayorías dominara siempre. El presidente puede vetar la legislación del Congreso. El Senado puede bloquear la legislación iniciada por la Cámara y rechazar tanto los tratados presidenciales como los nombramientos para el ejecutivo y el judicial. El Congreso puede destituir al presidente. El Tribunal Supremo puede anular la legislación y las regulaciones administrativas.

La mayoría de los controles requieren explícitamente supermayorías, como dos tercios de los votantes, supuestamente para favorecer un amplio consenso en la toma de decisiones. Aunque un proyecto de ley se pueda aprobar por mayoría simple, tiene que ser aprobado como tal en ambas cámaras del Congreso, lo cual, en la situación frecuente de que la Cámara y el Senado tengan composiciones partidistas diferentes, requiere agregar dos mayorías diferentes en una única y más amplia supermayoría.

En general, las reglas de supermayoría pueden producir resultados eficientes y aceptables cuando la política existente o la falta de ella en el tema que se examina es muy insatisfactoria para la mayoría de los participantes y estos están muy interesados en mejorarla. Esto puede explicar la productividad legislativa con amplio apoyo cuando la agenda pública implicaba cuestiones tan vitales como la resistencia al ejército británico, la aplicación de la Constitución y la introducción de sus primeras enmiendas, la admisión de los primeros nuevos estados y la gestión de los nuevos territorios, tratados y guerras, y otros asuntos de emergencia.

Aunque alguna de estas decisiones fundamentales, como ir a la guerra, no funcione bien o genere una reacción imprevista, las reglas de la supermayoría facilitan que un partido con una estrecha mayoría no aparezca como el único responsable. Los políticos interesados pueden apoyar decisiones por supermayoría porque difuminan la posible culpa.

Sin embargo, en tiempos de paz exterior, las agendas públicas pueden estar compuestas en gran medida por un elevado número de asuntos internos menos amenazantes y más discutibles, para los que es más difícil tomar decisiones innovadoras que requieran el apoyo de una supermayoría. Así, las reglas de supermayoría no favorecen amplias mayorías positivas, sino minorías negativas capaces de bloquear una decisión. El resultado es poca legislación y una insatisfactoria falta de regulaciones, mientras que muchas leyes y políticas mediocres tienden a perdurar.

Al parecer, los autores de la Constitución deseaban este resultado. Permítanme decir de nuevo que la expectativa de Montesquieu era que la separación de poderes «parara el poder» y «formara naturalmente un estado de reposo o inacción». En la campaña para ratificar la Constitución, Alexander Hamilton se puso claramente del lado de la escasa legislación del Congreso. Dijo: «El perjuicio que puede causar la deserción de unas pocas leyes buenas se verá ampliamente compensado por las ventajas de evitar un número de leyes malas». Era como ayunar para no envenenarse, cuyo resultado es la anemia, no la buena salud política.[1]

En la práctica, los mecanismos de control y bloqueo en el sistema constitucional estadounidense no producen equilibrios a favor de unas pocas leyes buenas. Están en gran medida desequilibrados a favor de la Presidencia y sus poderes. Veámoslo.

El Congreso puede anular el veto presidencial a un proyecto de ley por una supermayoría de dos tercios de los miembros de cada cámara, la Cámara de Representantes y el Senado. Sin embargo, esto no significa que se pueda tomar una decisión de amplio consenso apoyada por dos tercios de los miembros del Congreso, ya que pueden haber aprobado previamente el proyecto de ley por mayorías simples. Lo que la norma implica es que el presidente ejecutivo puede bloquear cualquier legislación mayoritaria si su partido minoritario cuenta con algo más de un tercio de apoyo en cualquiera de las dos cámaras.

Del mismo modo, el Senado puede bloquear la deliberación de cualquier proyecto de ley previamente aprobado por la Cámara de Representantes mediante varias maniobras, entre ellas el «filibustero». Esta palabra, que se refería a los piratas del Caribe dedicados al pillaje y el saqueo, comenzó a utilizarse desde el siglo XIX —también en algunos países europeos— para denotar por analogía las prácticas obstruccionistas de parlamentarios individuales. La introducción relativamente reciente de una regla de cierre permite proceder a votar si sesenta de los cien senadores están a favor. De hecho, significa que un partido minoritario con cuarenta y un senadores puede bloquear la legislación.

El Senado también debe confirmar los tratados internacionales por una mayoría de dos tercios y «aconsejar y consentir» muchos nombramientos presidenciales para cargos ejecutivos y judiciales. Sin embargo, el «consejo» se produce después de la nominación presidencial, lo que elimina cualquier posible recomendación de los senadores y los reduce al papel negativo de consentir o rechazar los nombramientos presidenciales.

Por último, la Cámara de Representantes puede, por mayoría simple, impugnar para la destitución a funcionarios públicos por delitos o malos comportamientos políticos, incluido el presidente por «traición, soborno u otros altos delitos y faltas». Sin embargo, el Senado debe confirmarlo por dos tercios, lo que significa que un partido minoritario con algo más de un tercio de los senadores, treinta y cuatro, puede absolver a casi cualquiera, incluido el presidente.

En otras palabras, un partido presidencial minoritario con poco más de un tercio de los representantes o dos quintos de los senadores puede bloquear la legislación del Congreso apoyada por más de la mitad de los legisladores, saltarse los controles del Congreso y mantener al presidente en el cargo después de ser impugnado por la Cámara. En la práctica, las reglas formales de supermayoría, que supuestamente promoverían un amplio consenso, significan el gobierno de la minoría.

Nótese que estas victorias presidenciales son negativas; no es que el presidente consiga muchos resultados, sino que impide que el Congreso cumpla su voluntad mayoritaria. Como preveían Montesquieu y los constituyentes, el presidente puede parar el poder y producir naturalmente un estado de reposo o inacción legislativa.

Cabe una pertinente comparación con las famosas categorías del filósofo Isaiah Berlin. Para Berlin, la «libertad negativa» se centra en la preservación de los derechos individuales, mientras que la «libertad positiva» se asocia con la participación y el acceso a beneficios públicos. De forma análoga, podríamos resumir el modelo institucional de Estados Unidos como uno de «democracia negativa» que preserva los derechos de las minorías, pero a costa de tomar pocas decisiones sobre una agenda estrecha con pocos beneficios públicos.

DOMINIO PRESIDENCIAL

Los desequilibrios de las normas se pueden medir por sus sesgados efectos. En primer lugar, veamos los controles del ejecutivo sobre el legislativo. Desde 1789, el 97 por ciento de los 3.634 vetos presidenciales a la legislación del Congreso han prosperado porque el Congreso no pudo anularlos, lo cual da una media de setenta y nueve vetos efectivos por presidente y quince por año.

Los presidentes han sido más activos a la hora de vetar la legislación del Congreso en periodos de gobierno dividido. «El Congreso aprueba alrededor de un 30 por ciento más de actos significativos cuando la Cámara, el Senado y la Presidencia están controlados por el mismo partido que cuando son diferentes partidos los que controlan los poderes del Estado [...]. Hay evidencia sólida en las series temporales históricas de que la polarización partidista y la [baja] productividad legislativa están relacionadas», como observan el politólogo Stephen Ansolabehere y sus coautores.

Veamos ahora las relaciones institucionales al revés, los controles del legislativo sobre el ejecutivo. El Senado ha aprobado sin modificaciones unas tres cuartas partes de los tratados presentados por el presidente. No ha bloqueado, sino que ha confirmado la inmensa mayoría de las nominaciones presidenciales de jueces federales con plaza vitalicia, funcionarios de organismos federales con mandatos fijos, embajadores con mandato presidencial y miles de ascensos militares. El Senado ha consentido más del 95 por ciento de las más de quinientas nominaciones presidenciales de miembros del Gabinete. De unas ciento setenta nominaciones presidenciales para el Tribunal Supremo, que suelen atraer una mayor atención del público, unas tres cuartas partes han tenido éxito.

Por último, el legislativo puede impugnar y destituir a los funcionarios del ejecutivo y del poder judicial. La Cámara ha iniciado el procedimiento de destitución casi sesenta veces, pero poco más de una cuarta parte de ellas han llegado al Senado, el cual ha absuelto a tres jueces federales, un magistrado del Tribunal Supremo, un senador y un secretario de Guerra. En toda su historia, el Senado solo ha destituido a once jueces. Ha habido cinco impugnaciones presidenciales iniciadas por la Cámara, pero ninguna ha terminado en destitución por el Senado; solo una provocó la dimisión del residente en la Casa Blanca.

Como complemento, el presidente también puede controlar el poder judicial no solo nombrando jueces, empezando por los del Tribunal Supremo, sino también concediendo indultos a cualquier persona acusada o condenada por delitos federales. Hasta 2021 se habían decretado más de 30.487 indultos presidenciales.

En resumen: los presidentes han vetado o bloqueado efectivamente miles de leyes del Congreso, han nombrado o promovido a cientos de miembros del Gabinete, jueces, oficiales ejecutivos y militares, y han indultado a miles de delincuentes, todo ello casi sin controles. Mientras tanto, los controles del Congreso se han limitado a destituir a menos de una docena de jueces nombrados por el presidente en doscientos treinta años.[2]

6

La tentación presidencialista

El sistema de filtros electorales y controles negativos suele producir, más que equilibrios, reposo o inacción legislativa, también llamada «parálisis», «estancamiento», «bloqueo» o «embotellamiento». Como reacción, ha habido una presión sostenida para que la Presidencia sea aún más poderosa, capaz no solo de bloquear las iniciativas del Congreso, sino también de impulsar las suyas propias.

La tentación presidencialista ya estaba presente en los debates de la Convención de Filadelfia. Como se citó anteriormente, Hamilton quería un presidente monárquico que fuera «un saludable control sobre el cuerpo legislativo» y lo hiciera «capaz de resistir la corriente popular». Madison consideraba que, si bien el excesivo «peso de la autoridad legislativa requiere que sea dividida» en dos cámaras, «la debilidad del ejecutivo puede requerir que sea fortificado». Impulsados por el temor a la democracia encarnada en la Cámara de Representantes, los constituyentes otorgaron al jefe del ejecutivo algunas de las antiguas prerrogativas de la Corona británica que habían sido eliminadas por las primeras constituciones estatales, como la reelección indefinida, el control personal del ejército y el poder de veto sobre la legislación.

Al parecer, algunos delegados esperaban que los futuros

presidentes, siguiendo el modelo de George Washington, serían capaces de imponer controles efectivos sobre el gobierno de la turba y los excesos democráticos de la Cámara porque estarían motivados por la buena reputación, el honor y la moderación moral. Es posible que varios de los constituyentes hubieran leído también los argumentos menos optimistas de David Hume a favor de controlar de cerca a los gobernantes. Sin embargo, pasaron por alto la idea más importante de Hume:

> Al concebir cualquier sistema de gobierno y fijar los diversos controles en la Constitución, se debe suponer que todo hombre es un truhan y que no tiene otro fin, en todas sus acciones, que el interés privado. Por este interés debemos gobernarlo y, por medio de él, hacer que, a pesar de su avaricia y ambición insaciables, coopere al bien público.[1]

El plan constitucional estadounidense, en lugar de basarse en incentivos institucionales positivos, como la expectativa de compartir el poder en el Gabinete, contaba con el comportamiento virtuoso de los políticos. Pero, en ausencia de motivaciones angelicales, el sistema de controles negativos se convierte en una máquina para el conflicto sostenido.

En la historia presidencial ha habido presidentes que han mostrado grados significativos de decencia, cooperación y eficacia, ya que pueden haber estado motivados por diversas combinaciones de interés político y electoral, buena reputación y espíritu de servicio público. Sin embargo, no cabe duda de que el cargo más alto también ha sido ocupado por auténticos truhanes motivados por el interés privado y una avaricia y ambición insaciables, por decirlo con las atinadas palabras de Hume. En estos últimos casos, las instituciones existentes no les «hicieron cooperar al bien público». La ventaja organizativa de una institución unipersonal frente a una asamblea de muchos miembros y los controles sesgados a favor de la Presidencia han dejado al Congreso desarmado para contrarrestar sus fechorías.

MÁS PODER DEL EJECUTIVO

A lo largo del siglo XIX, las duraderas tensiones territoriales y la inestabilidad política motivaron la búsqueda de un posible anclaje en la figura de un poderoso ejecutivo central. La Presidencia se convirtió en el punto central de la Unión y en el núcleo de su expansión territorial.

A principios del siglo XX, el Presidente Woodrow Wilson, el único politólogo que ha ocupado la Casa Blanca, elaboró una nueva racionalización académica del hiperpresidencialismo. En su disertación doctoral juvenil, publicada como *Congressional Government* en 1885, Wilson había desarrollado una crítica de la separación de poderes, que había denominado el «defecto radical» del sistema constitucional madisoniano. En esa época, postulaba que el Congreso debería tener «la oportunidad y los medios para hacer que su autoridad sea completa y adecuada», incluido el control del ejecutivo.

Sin embargo, más de veinte años después, cuando Wilson se había convertido en un político que se presentaba a elecciones, publicó otro libro, titulado *Constitutional Government*, en el que sostenía que el presidente debía ser «el guía de la nación [...] la fuerza unificadora de nuestro complejo sistema». Aventuró que este papel no se derivaría de las disposiciones constitucionales, sino que sería el resultado del ocupante de la Casa Blanca si «tiene la sagacidad y la fuerza para hacerlo», como él mismo se esforzó más tarde por demostrar en la práctica, con un éxito limitado.[2]

De hecho, en el transcurso de doscientos años, los poderes presidenciales han aumentado enormemente, a menudo a expensas del Congreso, lo que hace surgir periódicamente el espectro del monarquismo. En 1789, el Gabinete tenía cuatro departamentos: Estado, Guerra, Tesoro y Fiscal General, pronto complementados por el de Marina; en 2021, tenía quince. Durante las últimas décadas, los presidentes también han nombrado a más de cien «zares», o altos ejecutivos a nivel de Gabinete que dependen directamente de ellos en una variedad de temas como las drogas, el control de fronteras, la ciberseguridad, la energía, la inteligencia y el terrorismo, la mayoría de ellos sin confirmación por el Senado.

Cada dos años, el presidente nombra unos cuatro mil cargos políticos en puestos de alta dirección, muchos de ellos con un sesgo partidista. Esto contrasta con la permanencia de los altos cargos civiles en la mayoría de las democracias avanzadas, la cual evita que la administración oscile entre clientelas partidistas alternas.

Miles de funcionarios trabajan en agencias ejecutivas especializadas, como la Administración de la Seguridad Social, la Comisión Federal de Comunicaciones, la Comisión Electoral Federal, la Administración Nacional de la Aeronáutica y del Espacio, la Agencia de Protección del Medio Ambiente, el Fondo Nacional de las Artes, el Fondo Nacional de las Humanidades, la Fundación Nacional de la Ciencia, el Cuerpo de Paz, la Agencia de Estados Unidos para el Desarrollo Internacional o el Servicio Postal.

Al menos otras catorce agencias se dedican a la inteligencia, el espionaje y el contraespionaje, y dependen secretamente del presidente. Entre ellas se encuentran la Agencia Central de Inteligencia, la Agencia de Seguridad Nacional y la Oficina Federal de Investigación, todas ellas más conocidas por sus siglas CIA, NSA y FBI, así como las menos conocidas INR, ODNI, DIA, NRO, ONI, 25AF, INSCOM, DEA, las Oficinas de Inteligencia del Cuerpo de Marines y de los departamentos del Tesoro y de Seguridad Nacional.

Como extensión de sus poderes, los presidentes han emitido 15.434 órdenes ejecutivas durante todo el periodo constitucional, con una media de más de una por semana. Estas se han basado en una interpretación latitudinaria de la Constitución o en delegaciones explícitas o implícitas de los poderes discrecionales del Congreso. Las órdenes ejecutivas presidenciales deberían ser directrices sobre cómo gestionar los recursos administrativos para hacer cumplir la ley, pero han incluido numerosas modificaciones de los mandatos originales de las leyes existentes.

Como ejemplo extremo de órdenes ejecutivas irregulares, Abraham Lincoln, en ausencia del Congreso, usurpó sus poderes legislativos y estableció una «dictadura constitucional» temporal, como advirtió con lucidez el politólogo Clinton Rossiter. Por un lado, emitió la Proclamación de Emancipación para liberar inmediatamente a veinte mil esclavos. Por otro, suspendió el *habeas corpus* y usó tribunales militares, lo que condujo a la detención y el encarcelamiento sin juicio de más de quince mil ciudadanos, entre ellos reporteros y editores de periódicos «irresponsables».

Por su parte, Franklin D. Roosevelt emitió una serie de órdenes para el control gubernamental de la economía en el periodo de la Gran Depresión. Durante la Segunda Guerra Mundial, delegó la autoridad militar que permitió enviar a ciento veinte mil americanos de origen japonés a campos de internamiento.

A través de comparables iniciativas unilaterales del ocupante de la Casa Blanca se ha producido una «expansión constante del poder presidencial, que se vuelve incontrolable y siniestro», en palabras del politólogo Kenneth Mayer.[3]

Ha habido intentos de ayudar al Congreso a recuperar algunos de sus poderes legislativos, entre ellos la creación de varias agencias no partidistas, como la Oficina Presupuestaria del Congreso. Sin embargo, en 2020, un sorprendente informe de un Comité Selecto de Modernización de la Cámara de Representantes confesó que era incapaz de recopilar una lista completa y autorizada de todos los programas, proyectos y actividades existentes en la actualidad con fechas de caducidad desconocidas. El informe especificaba:

> Aunque no existe un inventario oficial de agencias federales, un recuento reciente sitúa el total actual en 278 agencias del poder ejecutivo. La mayoría de estas agencias fueron creadas mediante legislación aprobada por el Congreso, mientras que otras fueron creadas por el propio ejecutivo por medio de una orden departamental, una orden ejecutiva o un plan de reorganización. Y una vez creadas las agencias, rara vez mueren (aunque sus misiones a veces cambian).

La proliferación de agencias ha aumentado el desequilibrio en las relaciones entre instituciones. En palabras del informe de la Cámara de Representantes, el enorme crecimiento de los recursos del ejecutivo «se ha unido, desgraciadamente, a una disminución de la experiencia del Congreso, ampliando y afianzando aún más el poder del ejecutivo».[4]

PRESIDENCIA DE GUERRA

Sin duda, el mayor incremento del poder presidencial se ha derivado de las guerras. Desde el general George Washington, líder de la Guerra Revolucionaria por la Independencia, hasta Theodore Roosevelt, combatiente de alto nivel en la Guerra Hispano-Americana en el Caribe, once de los primeros veinticinco presidentes fueron hombres de guerra. Ya sea como generales, héroes nacionales u oficiales militares de alto rango, Andrew Jackson, William Harrison, Zachary Taylor, Franklin Pierce, Ulysses Grant, Rutherford Hayes, James Garfield, Benjamin Harrison y William McKinley lucharon en las guerras contra los británicos, los indios, los mexicanos o, en la Guerra Civil, contra otros americanos, hazañas militares que les ayudaron a ser elegidos. Alexander Hamilton ya había identificado la gestión de los asuntos exteriores como la principal forma de ampliar los poderes ejecutivos: «Es de la naturaleza de la guerra aumentar el ejecutivo, a expensas de la autoridad legislativa». Al intentar clasificar la reputación de los presidentes, el historiador Arthur M. Schlesinger Jr. observó que la guerra «facilitaba que un presidente alcanzara la grandeza».

Solo después de la Primera Guerra Mundial escasearon los presidentes militares. El héroe de la Segunda Guerra Mundial, el general Dwight Eisenhower, fue la excepción. No obstante, otros presidentes posteriores mostraron su orgullo de haber servido en combate e hicieron de su servicio una baza en sus campañas electorales, como John Kennedy y George H. W. Bush. Otros fueron criticados como candidatos porque eludieron el servicio militar durante la guerra de Vietnam, entre ellos el Vicepresidente Dan Quayle y los presidentes Bill Clinton y George W. Bush, mientras que Barack Obama fue el primer presidente que se benefició de la suspensión del servicio militar obligatorio. Sin embargo, el hecho de no haber servido en el ejército no impidió a ninguno de ellos —o quizá más bien les facilitó— iniciar nuevas guerras.

La Constitución convirtió al presidente en el Comandante en Jefe del Ejército y la Marina y de las Milicias de los estados, y le otorgó poderes de iniciativa en política exterior. Como control de precaución, concedió al Congreso el poder de «declarar» la guerra. Sin embargo, solo las guerras contra los británicos, los mexicanos y los españoles, así como las que condujeron a las dos guerras mundiales, fueron resultado de políticas aprobadas por el Congreso. Todas las demás, incluidas la expansión del ejército, la guerra de Corea y el derrocamiento de gobiernos en Irán, Guatemala, República Dominicana y otros países durante la Guerra Fría, fueron iniciadas por los presidentes sin una declaración de guerra previa del Congreso.

La guerra de Vietnam fue especialmente controvertida. En 1964, el secretario de Defensa del Presidente Lyndon Johnson, Robert McNamara, denunció que una embarcación norvietnamita había atacado barcos americanos en el golfo de Tonkín. Una resolución del Congreso otorgó al presidente todos los poderes de guerra «necesarios». Esto dio pie a una escalada de más de diez años, en gran parte secreta, en Vietnam, Camboya y Laos, que causó más de tres millones de muertos. Tres años después, el Senador J. William Fulbright, presidente del Comité de Relaciones Exteriores del Senado, se quejó de que les habían engañado y mentido, y el Senado retiró la resolución. Sin embargo, el Presidente Richard Nixon hizo oídos sordos y continuó con la guerra. Veinte años después del final de las batallas, McNamara confesó que «los fundamentos de nuestra toma de decisiones fueron gravemente defectuosos [...] estábamos equivocados, terriblemente equivocados», un juicio que fue confirmado abiertamente por otros documentos gubernamentales desclasificados.

El abuso de los poderes de guerra presidenciales más allá de las prerrogativas otorgadas por la Constitución planteó la cuestión de la «presidencia imperial». Como reacción, en 1973 el Congreso aprobó la Resolución de Poderes de Guerra, un acto excepcional de anulación de un veto presidencial. La resolución prohibía al presidente enviar tropas de forma unilateral a las «hostilidades», requería una Autorización del Congreso para el Uso de la Fuerza Militar, o AUMF, y ordenaba que, tras una hipotética acción presidencial de emergencia, el Congreso debía promulgar una autorización específica o las tropas debían volver a casa en un plazo de sesenta días.

Una vez más, el intento del Congreso de recuperar poderes fracasó en gran medida. Un par de autorizaciones para librar una guerra en Oriente Medio no fueron derogadas durante décadas, lo que permitió a los presidentes participar en una serie de guerras locales e inconexas. Además, los presidentes siguieron desplegando tropas en el extranjero simplemente absteniéndose de utilizar la palabra «guerra». En varios casos, declararon que enviaban tropas a entornos hostiles por razones humanitarias, la protección de la seguridad nacional frente a posibles ataques terroristas o por privilegio ejecutivo.

En concreto, el Presidente Ronald Reagan ordenó el envío de fuerzas militares a Granada, Líbano y Libia sin cumplir ningún mandato del Congreso. Tras la invasión de Kuwait por Irak, el Presidente George H. W. Bush envió varios cientos de miles de efectivos al golfo Pérsico antes de solicitar una AUMF al Congreso, aunque al mismo tiempo sostuvo que no necesitaba dicha autorización. En el interregno después de perder la reelección, también envió tropas a Panamá para derrocar al general Noriega y a Somalia alegando razones humanitarias. El Presidente Bill Clinton retomó esta última decisión ampliando las fuerzas a Ruanda, al tiempo que ordenaba otras operaciones militares en Haití y Kosovo con argumentos similares.

Tras los atentados terroristas del 11 de septiembre de 2001 en Nueva York y Washington, el Presidente George W. Bush intentó una nueva «Guerra Global contra el Terrorismo». Su Vicepresidente Dick Cheney señaló que una guerra de este tipo no podía «ganarse a la defensiva» ni ser meramente «reactiva». El Presidente Bush negó que necesitara una AUMF y reivindicó el derecho a emprender «guerras preventivas». La llamada «Ley Patriota» otorgó al ejecutivo amplios poderes de vigilancia, detención y persecución por tiempo indefinido. Durante unos años, los portavoces de la Administración trataron de reproducir los mensajes de miedo y las delegaciones de poderes extraordinarios al presidente como los de la Segunda Guerra Mundial y la época de la Guerra Fría. Algunos observadores hablaron de una «nueva presidencia imperial».

Como había ocurrido con la guerra de Vietnam, algunos senadores cambiaron de opinión y votaron a favor antes de votar en contra. Sin embargo, el Congreso difícilmente podía cortar los fondos para esas expediciones cuando las tropas ya estaban sobre el terreno. El legislativo permaneció sometido al engrandecimiento del ejecutivo.

La campaña tuvo algún éxito, ya que no se produjo otro gran atentado terrorista en suelo estadounidense. Pero, a medida que la mayoría de los ciudadanos perdían el miedo a nuevos ataques, también se oponían cada vez más a cualquier guerra en el extranjero. El hiperpresidencialismo militar comenzó a fallar tras varios fracasos bélicos. En el mundo de la post Guerra Fría, las intervenciones militares no se enfrentaban a una amenaza existencial de una única gran potencia, sino a estados canallas y redes dispersas o actores sin Estado, lo cual producía interminables guerras locales con resultados decepcionantes. El Cementerio Nacional de Arlington fue objeto de la mayor ampliación destinada a nuevas sepulturas desde la Guerra Civil. Las desastrosas intervenciones del Presidente Obama en Siria y Libia fracasaron en el intento de ampliar el papel global hegemónico de Estados Unidos mediante la acción militar.

El número de soldados americanos, que había superado los 3,5 millones durante la Guerra Fría en la década de 1950, se redujo a 2,5 millones. El gasto militar, que había superado el 9 por ciento del PIB en la década de 1980, apenas superaba el 3 por ciento en 2020. Como porcentaje del gasto militar mundial, Estados Unidos cayó en pocos años del 47 al 37 por ciento, debido también a la expansión militar de China y Rusia. El Presidente Donald Trump fue el primero en muchas décadas que no inició una nueva guerra, y el Presidente Joe Biden puso fin a la guerra más larga de la historia de Estados Unidos. La principal fuente tradicional de fuerza presidencial se redujo drásticamente. Está por ver si el suministro masivo de armas a Ucrania en su guerra frente a Rusia podría ser el inicio de un cambio de tendencia.[5]

Extralimitación y bajo rendimiento

A medida que el país ha crecido en tamaño y complejidad, la Presidencia se ha visto sobrecargada con demasiadas responsabilidades. Según la lista del Museo Nacional de Historia Americana de Washington y la clasificación de los visitantes, los poderes reales de la Presidencia son los de Líder Nacional, Comandante en Jefe, Gestor de la Economía, Jefe Ejecutivo, Jefe Diplomático, Líder del Partido y Jefe de Estado Ceremonial. Otros observadores añaden los de Jefe de una Administración gigantesca, Legislador Principal, Tribuno Popular y Líder del Mundo Libre.

La sobrecarga del cargo presidencial y su alta concentración de poder alimentan grandes expectativas. Estas se ven reforzadas por los rituales monárquicos de ciertas ceremonias, como la pomposa investidura presidencial cada cuatro años y el discurso anual del presidente ante el Congreso sobre el estado de la Unión. Con estas liturgias, las relaciones institucionales en Estados Unidos evocan más una monarquía medieval que una equilibrada separación de poderes.

Sin embargo, el presidencialismo no es un buen remedio para la parálisis legislativa y el bloqueo político. El partidismo y las luchas institucionales socavan la legitimidad del presidente como jefe de Estado que debe representar a toda la nación. Un jefe del ejecutivo partidista en conflicto regular con el partido de la oposición en el Congreso suele dar malos resultados. Las grandes expectativas hacen que el presidente sea responsable de todo: de los éxitos y de los fracasos, de los triunfos y de las catástrofes, de las decisiones precipitadas y de los acontecimientos incontrolados. El politólogo Arturo Valenzuela ha identificado el fatal mecanismo institucional del presidencialismo:

> Los fracasos del Gobierno son vistos no como fracasos de un partido o un movimiento, sino como fracasos personales del jefe del ejecutivo. La onerosa parafernalia simbólica que acarrea el jefe del Estado, combinada con los a menudo exagerados recuerdos populares de poderosos presidentes del pasado, lleva a los ciudadanos a esperar que el líder resuelva los problemas del país o reciba duras acusaciones de incompetencia o corrupción.[6]

El presidente de Estados Unidos es una figura más central que el jefe del ejecutivo en un régimen parlamentario, en el que dos o más partidos en un Gobierno de coalición pueden compartir la responsabilidad y el Parlamento puede sustituir con más facilidad a un primer ministro sin elecciones ni mandatos fijos. Como reacción a los frustrantes resultados presidenciales, los ciudadanos pueden sentir una insatisfacción genérica con todos los gobernantes, susceptible de alimentar la desconfianza en el régimen institucional.[7]

Dos partidos con agendas estrechas

Los autores de la Constitución despreciaban los partidos políticos, a los que llamaban «facciones corruptas». Calcularon mal que, en una Unión grande, en expansión y muy diversa, con múltiples controles institucionales, sería muy difícil crear partidos de ámbito nacional. Esperaban que los individuos más cualificados y patrióticos liderarían la nueva política contra las animosidades facciosas y partidistas. En la práctica, las elecciones presidenciales desencadenaron la coordinación de organizaciones partidistas estatales para formar dos partidos paraguas a escala nacional. Con partidos disciplinados, los controles mutuos entre instituciones no producen equilibrios eficientes, sino que tienden a provocar parálisis y agravios mutuos.

La existencia de solo dos partidos reduce la agenda pública a muy pocos temas. Dada la importancia de la política exterior para una potencia internacional tan grande como Estados Unidos, la configuración de las agendas públicas depende en gran medida de los contextos internacionales. Cuando el país siente que está bajo una amenaza existencial externa, como en los años de la Segunda Guerra Mundial y la Guerra Fría, la política exterior se convierte en el tema dominante. En estos periodos, la agenda del Gobierno federal es estrecha y puede ser ampliamente consensuada. Muchas cuestiones internas, que pueden ser controvertidas, se dejan de lado.

En cambio, en los periodos de paz internacional, cuando la política exterior es relativamente menos dominante en la agenda pública, surgen otras cuestiones domésticas que se politizan en el ámbito nacional. Entonces, la separación de poderes, los controles mutuos y la disponibilidad de solo dos grandes partidos nacionales muestran su ineficacia e impiden tratar con eficacia muchos asuntos al mismo tiempo. Prosperan la política de confrontación y la polarización.

7

A los constituyentes no les gustaban las facciones

La existencia de solo dos partidos capaces de competir por puestos federales impone enormes límites a la gobernanza de Estados Unidos. La formación de un sistema con solo dos partidos no estaba predeterminada por el gran tamaño y la diversidad del país, que podrían haber producido un pluralismo político mucho más amplio. El bipartidismo fue el resultado de una serie de decisiones políticas e institucionales que comportaron errores y consecuencias imprevistas.

Inicialmente, los Fundadores de los Estados Unidos y los redactores de la Constitución en Filadelfia despreciaban los partidos políticos, a los que llamaban «facciones corruptas». Como en muchas de sus opiniones, en este asunto se inspiraban en algunos pensadores europeos ilustrados. En concreto, David Hume pensaba que «las sectas y las facciones [deberían] ser detestadas y odiadas [porque] subvierten el gobierno, hacen impotente la ley y engendran las más feroces animosidades». Sin embargo, más tarde, cuando Hume tuvo que enfrentarse a la indeseable pero quizá inevitable existencia de los partidos políticos, prefirió que el gobierno estuviera en manos no de un único partido, sino de una coalición de múltiples partidos. El objetivo del multipartidismo era «evitar todo insulto irrazonable y el triunfo de un partido sobre el otro, fomentar las opiniones moderadas, encontrar el medio adecuado en todas las disputas, persuadir a cada uno de que su antagonista puede estar a veces en lo cierto, y mantener un equilibrio en los elogios y las culpas que otorgamos a cualquiera de las partes».

Asimismo, Jean-Jacques Rousseau advirtió que «cuando surgen facciones y se forman asociaciones parciales, cuando una de estas asociaciones es tan grande como para prevalecer sobre todas las demás, ya no hay una voluntad general, y la opinión que prevalece es puramente particular». Al igual que Hume, Rousseau sostenía que, si las facciones o los partidos son inevitables, «lo mejor es tener el mayor número posible y evitar que sean desiguales».

Un sistema con múltiples partidos no era lo que los constituyentes de los Estados Unidos tenían en mente. Su rechazo se basaba principalmente en la agitación política en los estados y en el temor de que el partidismo y las rivalidades perturbaran la unión nacional en las primeras etapas del establecimiento de las nuevas instituciones del país. La sola palabra «partido» tenía connotaciones conspirativas.

Sin embargo, los constituyentes confiaban en el futuro de la república porque calcularon mal que en una Unión grande, en expansión y diversa, con múltiples controles institucionales, sería poco probable que se crearan partidos de ámbito nacional. Esperaban que los mejores individuos, con «opiniones ilustradas y sentimientos virtuosos», dirigieran la nueva política contra «la pestilente influencia de las animosidades partidistas» y «el pestilente aliento de las facciones», como repudiaban James Madison y Alexander Hamilton, respectivamente.[1]

EVITAR LAS FACCIONES Y LA CORRUPCIÓN

De hecho, hubo una relativa paz interna durante más de treinta años después de la ratificación de la Constitución, cuando la principal tarea era afianzar la nueva Unión. Sin embargo, cuando surgieron partidos políticos de ámbito nacional, el funcionamiento del sistema de separación de poderes cambió radicalmente. Para mal.

Un mecanismo crucial para el desarrollo de los agravios partidistas y la polarización fueron las reglas de votación. En las colonias británicas de América del Norte había habido elecciones con sufragio masculino blanco casi universal desde principios del siglo XVII, con pioneras como la Cámara de los Burgueses en Virginia, la Asamblea de Maryland y la Gubernatura de Plymouth. Las primeras colonias eran corporaciones colectivas agrarias basadas en la propiedad familiar cuyos miembros compartían rasgos homogéneos. La mayoría de las decisiones se tomaban por un consenso relativamente amplio y no desafiaban el sistema general de poder colonial. Los gobernadores nombrados por los británicos mantenían la vida colectiva bajo control.

Sin embargo, tras la independencia, en varios estados surgieron disensiones y disputas, a veces sobre el comercio interestatal y otras veces impulsadas por prejuicios parroquiales. Madison afirmaba que múltiples partidos, facciones o camarillas creaban división y se dividían en bandos violentos e irreversibles. «En todas partes se oyen quejas de que nuestros gobiernos son demasiado inestables; de que el bien público se desprecia en los conflictos entre partidos rivales», reportó. Por ejemplo, en Pensilvania, la revisión de la Constitución del estado «había sido durante mucho tiempo violentamente acalorada y distraída por la furia partidista». En Massachusetts, el estado se vio «obligado a reclutar tropas para sofocar una insurrección, y todavía mantiene un cuerpo a sueldo para prevenir un resurgimiento del espíritu de revuelta». Y así en otros casos.

Madison definió una facción como un grupo unido por un impulso, una pasión o un interés común, «contrario a los derechos de otros ciudadanos o al interés permanente y global de la comunidad». Los constituyentes intuyeron que el faccionalismo había debilitado a la precaria Confederación. El reto sin apenas precedentes de imponerse al Gobierno imperial británico y crear una nueva república no podía permitirse tales distracciones y debilitamientos.

Durante la Convención de Filadelfia varios delegados advirtieron del peligro de que en el futuro los partidos políticos en el legislativo pudieran crear cargos en el ejecutivo solo para nombrar a sus propios miembros. George Mason se quejó de que con los partidos habría cábalas, intrigas, combinaciones, «facciones y corrupción». En la campaña de propaganda para la ratificación, Madison sostuvo que la ventaja más importante de la Unión era «romper y controlar la violencia de la facción». Hamilton presagiaba que, con los partidos políticos, las «agradables escenas» de la creación de la Unión se verían «desbordadas por las tempestuosas olas de la sedición y la furia partidista», cuando el espíritu de partido «infecta todos los organismos políticos». John Jay también temía «la actividad del celo partidista, aprovechando la supina ignorancia, las esperanzas y los temores de los incautos y los interesados».

En la primera elección, el líder militar de la independencia, el general George Washington, fue elegido presidente casi por unanimidad como un héroe nacional. En su Discurso de Despedida al final de sus dos mandatos, advirtió contra el espíritu de partido, que «en diferentes épocas y países ha perpetrado las más horrendas enormidades». Washington sospechaba que los partidos podrían «convertirse en potentes motores, mediante los cuales hombres astutos, ambiciosos y sin principios podrán subvertir el poder del pueblo y usurpar para sí las riendas del gobierno». El espíritu de partido «fomenta ocasionalmente la revuelta y la insurrección, y abre la puerta a la influencia extranjera y a la corrupción», señaló. Así, proclamó que para la eficacia y permanencia de la Unión «es indispensable un Gobierno para el conjunto», no uno dividido en partidos y basado en «el dominio alterno de una facción sobre otra».[2]

Los buenos sentimientos de unidad

Durante las más de tres décadas que siguieron a la primera elección presidencial en 1788, aunque el país estaba fragmentado y era frágil, prevaleció la unidad nacional. Eran tiempos de defensa y guerra contra los británicos, de construcción de nuevas instituciones y de expansión del territorio. La agenda del Gobierno era reducida y se centraba en cuestiones fundacionales. La mayoría de ellas se resolvían en reuniones informales y acuerdos privados entre políticos, sin mucha política de masas, campañas o partidismo. El Gobierno no se enfrentaba a una oposición formal, que habría sido considerada ilegítima y antipatriótica o, en términos modernos, antisistema.

Una parte del periodo recibió el nombre de la «Era de los Buenos Sentimientos», por la tranquilidad del temperamento general. El país era todavía lo suficientemente pequeño y homogéneo como para tener un estado de ánimo nacional. Las ocasionales rencillas eran tan amargas e irrelevantes como las discusiones familiares.

Las etiquetas de agrupaciones temporales y poco definidas de los políticos, como «federalistas», «demócratas» o «republicanos», nunca se utilizaban como nombres de «partidos» y eran en gran medida intrascendentes en cuanto a la orientación de las políticas públicas. Thomas Jefferson había dicho: «Si no pudiera ir al Cielo sino con un partido, no iría allí en absoluto». En su discurso de investidura, proclamó: «Hemos llamado con nombres diferentes a hermanos de un mismo principio. Todos somos republicanos, todos somos federalistas».

La mayor parte del tiempo hubo política de partido único, que es sinónimo de política no partidista, el ideal de los Fundadores. Las candidaturas presidenciales surgían de nominaciones por los grupos del Congreso, lo que facilitaba la posterior sumisión del Congreso a la Presidencia.

Los tres primeros presidentes, George Washington, John Adams y Thomas Jefferson, habían sido líderes de la independencia; el siguiente, James Madison, el principal inspirador de la Constitución, y el siguiente, James Monroe, también había sido nombrado delegado en la Convención de Filadelfia, aunque inicialmente se opuso a su resultado. Todos, excepto Adams, eran propietarios de esclavos. Formaban la llamada «dinastía de Virginia», ya que habían vivido y hecho carrera política en ese estado. Gobernaron juntos y se sucedieron unos a otros en una especie de cadena; a Washington le sucedió su vicepresidente, Adams, a quien sucedió su vicepresidente, Jefferson, este a su vez seguido de su secretario de Estado, Madison, que pasó el mazo a su secretario de Estado, Monroe. Todos ellos obtuvieron amplias mayorías de votos populares, con una media del 72 por ciento, aunque con participación escuálida. El primer presidente, Washington, en las dos ocasiones, y el quinto, Monroe, en su reelección, se presentaron sin oposición y arrasaron en el Colegio Electoral.

Las amenazas existenciales exteriores disminuyeron tras las derrotas de Napoleón en Europa y de los británicos en Norteamérica, lo que allanó el camino para la expansión del territorio occidental de Estados Unidos. La paz exterior implicaba el aislamiento, sellado formalmente con la oposición a la influencia europea en América y el primer arancel protector. El país podía ahora centrarse en las disputas internas.

Tras treinta y seis años y cinco presidentes, no había un sucesor claro que mantuviera el espíritu fundacional no partidista. Todos los candidatos potenciales se habían desvanecido. Benjamin Franklin había fallecido poco después de la Convención, justo antes de que lo hiciera George Mason. Alexander Hamilton, cuya carrera política ya se había visto perjudicada por un escándalo sexual, fue asesinado en un necio duelo de honor. Gouverneur Morris se había retirado a los negocios privados. El vicepresidente del quinto presidente, Monroe, era alcohólico, estaba arruinado y enfermo, y murió justo después de dejar el cargo.

Sin embargo, todavía era posible intentar ampliar los «buenos sentimientos» con un elegido de una generación más joven. El nuevo hijo favorito fue John Quincy Adams, hijo del segundo presidente y Secretario de Estado de Monroe.

Sin embargo, a diferencia de la mayoría de sus predecesores, la elección de Adams junior en 1824 fue muy controvertida. El voto popular se dividió entre cuatro candidatos principales, y ninguno obtuvo la mayoría en el Colegio. El general Andrew Jackson, famoso por las guerras contra los británicos en Nueva Orleans y contra los españoles en Florida, recibió una pluralidad del 41 por ciento. La elección pasó, pues, a la Cámara de Representantes, donde el segundo candidato en votos, Adams, formó una coalición mayoritaria con los partidarios del tercer candidato en votos, Henry Clay, un expresidente de la Cámara, que sería nombrado secretario de Estado. Adams y Clay obtuvieron la mayoría en la Cámara gracias a los votos en bloque de trece de los veinticuatro estados, a pesar de que la suma de los votos populares recibidos por los dos candidatos en todo el país ascendía solo al 44 por ciento.

Jackson denunció furiosamente el acuerdo como una «estafa corrupta» e inmediatamente empezó a preparar una candidatura más fuerte para las siguientes elecciones, cuatro años después. Los «buenos sentimientos» se evaporaron y comenzó una nueva era de política partidista. Como los Fundadores habían predicho y temido, el nuevo espíritu de partido generaría animosidades «pestilentes» generalizadas, rabia, violencia, disturbios e insurrección. La nueva política partidista inició «una era mucho más larga de malos sentimientos», como la caracteriza el historiador Sean Wilentz.[3]

EL PARTIDISMO POPULISTA

Andrew Jackson fundó el Partido Demócrata con un discurso populista a favor del «hombre corriente» y contra la anterior «oligarquía de élite», y ganó las elecciones presidenciales. Como reacción, los seguidores de John Quincy Adams se agruparon como Republicanos Nacionales. La elección de 1828 fue innovadora porque generó una gran movilización de votantes. Las nuevas candidaturas partidistas recaudaron fondos, publicaron periódicos partidistas, crearon organizaciones de campaña en los estados y organizaron innovadores desfiles, mítines y barbacoas.

La nueva competitividad entre candidatos partidistas opuestos aumentó la participación. Mientras que la media de ciudadanos con derecho a voto que habían acudido a las urnas en las diez primeras elecciones había sido de un 23 por ciento, en la elección de Jackson aumentó hasta el 57 por ciento. El número absoluto de votos se multiplicó por cinco. La participación siguió creciendo en las siguientes elecciones hasta llegar a cerca del 80 por ciento.

El general Andrew Jackson, a quien Donald Trump reclamaría como su presidente favorito, era dueño de esclavos y un partidista feroz, con muchos amigos y muchos enemigos. El primer intento de Jackson de formar su Gabinete resultó infructuoso, víctima de amargo partidismo y chismes, como describe el historiador Richard Latner. Jackson vetó doce proyectos de ley del Congreso, en contraste con una media de menos de dos por los seis presidentes anteriores. Los demócratas que no estaban de acuerdo con el hiperpresidencialismo de Jackson se separaron para formar el partido Whig y se referían a Jackson como «el Rey Andrés I». El primer biógrafo de Jackson, James Parton, lo llamó «un autócrata democrático». Jackson se opuso rotundamente a la creación de un banco nacional, pero su rostro sigue figurando en el billete de veinte dólares, el más utilizado.

Después de que la tendencia a la turbulencia y el desorden partidista se confirmara con la reelección de Jackson, el periódico de los whigs en Virginia proclamó: «La República ha degenerado en una Democracia».

Un perspicaz visitante extranjero captó el tono de la nueva fiebre partidista de un modo que sigue siendo en gran medida válido hoy en día. El sociólogo francés Alexis de Tocqueville, que se reunió con el Presidente Jackson en la Casa Blanca durante su famosa expedición para observar la democracia en América, escribió sobre la elección presidencial:

Mucho antes de que llegue el día señalado, la elección se convierte en la principal, casi se podría decir la única preocupación del público. El ardor de las facciones se redobla; todas las pasiones artificiosas que la fantasía puede suscitar, incluso en un país feliz y pacífico, estallan a plena luz del día [...]. A medida que se acercan las elecciones, las intrigas se hacen más activas, y la agitación se generaliza más vivamente. Los ciudadanos se dividen en varios bandos [...]. Toda la nación entra en un estado febril.[4]

8

El imprevisto surgimiento de solo dos partidos

Las elecciones presidenciales separadas y las normas electorales restrictivas para el Congreso consolidaron un sistema basado en solo dos partidos. Un número tan pequeño de opciones partidistas congela una agenda limitada de temas políticos a debatir y someter a legislación. En un contexto de paralización, una agenda estrecha con pocos temas tiende a generar polarización política. Como resume el politólogo Juan J. Linz, el desarrollo de los partidos políticos modernos en un sistema institucional de separación de poderes «generalmente exacerba, en lugar de moderar, los conflictos entre el legislativo y el ejecutivo».

Las reglas de votación iniciales en todas las colonias británicas y en los posteriores estados independientes no eran como el actual sistema dominante en Estados Unidos, en el que cada barrio, pueblo, condado o estado elige a un representante cada vez. Tanto en las colonias como en los primeros estados, cada votante podía votar y elegir a varios candidatos individuales para representar o gobernar la comunidad. Las elecciones estaban abiertas a todos los posibles candidatos, sin ninguna afiliación partidista o facciosa. Los Fundadores esperaban que, con estos procedimientos, los elegidos fueran los individuos moralmente mejores y más patriotas, ajenos al espíritu de facción o rivalidad.

En la mayoría de las colonias, cada votante podía votar por un número de candidatos igual al de los puestos a cubrir en la Asamblea, y los candidatos con más votos eran elegidos. Probablemente el lector haya participado en este simple tipo de votación en comunidades con un alto grado de homogeneidad entre los intereses de sus miembros, ya sean juntas escolares, asociaciones de vecinos, condominios urbanos u organizaciones profesionales, donde no es difícil identificar las preferencias compartidas de los electores. Parece bastante intuitivo: todo el mundo vota por sus candidatos preferidos y los más votados son elegidos. El procedimiento es compatible con la votación a mano alzada, el voto oral o una papeleta abierta con los nombres de todos los candidatos.

Tras la independencia de Gran Bretaña, las asambleas legislativas estatales se hicieron más grandes de lo que habían sido las asambleas coloniales, y los nuevos estados adaptaron sus reglas. Ocho nuevas constituciones estatales establecieron elecciones en las que los votantes podían seguir votando a varios candidatos y elegir varios escaños en un distrito. Desde su creación en 1619, la Cámara de los Burgueses de Virginia había utilizado distritos electorales con dos escaños, que se ampliaron hasta ocho. Otras asambleas estatales utilizaron distritos en los que se elegían dos, tres, cuatro o seis escaños, mientras que Carolina del Sur y New Jersey tuvieron distritos con hasta diez y veinte escaños, respectivamente. Solo cinco estados adoptaron algunos distritos con un solo escaño.

La Constitución no imponía ningún sistema electoral o norma de votación específica para las instituciones federales. Inicialmente, los miembros de la Cámara de Representantes se elegían, al igual que los de las asambleas de los estados, en su mayoría en distritos de ámbito estatal en los que cada votante podía votar a tantos candidatos como escaños hubiera que cubrir o en distritos más pequeños con una, dos o tres escaños.[1]

DE LA AUSENCIA DE PARTIDOS AL BARRIDO DE UN SOLO PARTIDO

Un sistema electoral que daba a cada votante múltiples votos para candidatos individuales a múltiples escaños podía producir una representación consensuada de la comunidad. Al mismo tiempo, creó incentivos para la coordinación estratégica de las candidaturas y el voto. Algunos políticos se dieron cuenta de que presentar listas de candidatos para cubrir todos los escaños que se presentaban a las elecciones en un gran distrito electoral —es decir, formar o unirse a una candidatura coordinada, más conocida como «facción» o «partido»— les daría más oportunidades de ganar poder.

A la antigua usanza, algunos hombres más o menos distinguidos por sus actividades profesionales o de otro tipo se anunciaban como elegibles en los periódicos o se ofrecían como candidatos. Las candidaturas colectivas y las etiquetas tuvieron éxito porque proporcionaban a los votantes una información barata sobre sus candidatos, la cual era más difícil de obtener sobre los candidatos que no llevaban etiqueta. Esto hizo que muchos optaran por votar «en bloque» por una lista de candidatos en lugar de votar por individuos ponderados por separado, como era la costumbre.

El resultado habitual fue un barrido del partido: una sola lista de candidatos ganaba todos los escaños. El estado o el gran distrito electoral pasaba a estar representado por una sola candidatura partidista, aunque en elecciones individuales algunos de los elegidos habrían recibido menos votos que algunos rivales que perdían. Este resultado excluyente era lo contrario del pluralismo y la inclusividad de las anteriores elecciones sin partidos.

Una reacción lógica de los candidatos excluidos fue la formación de otra lista o «partido». Estos partidos se concibieron inicialmente como coaliciones temporales de candidatos y votos. Poco a poco, los representantes elegidos pasaron a organizar a sus partidarios y a presentar listas de candidatos más duraderas. A partir de 1824, los nuevos partidos de ámbito estatal empezaron a imprimir sus propias papeletas, en las que solo figuraban sus propios candidatos. Normalmente, las papeletas de los partidos eran de distintos tamaños, colores y formas, lo que las hacía distinguibles para los funcionarios electorales, los candidatos, los organizadores del partido y los votantes. El voto secreto no se introduciría hasta la década de 1890. El votante solo tenía que depositar la papeleta en la urna sin marcar a ningún candidato para votar por toda la lista —la «papeleta general».

Inicialmente, las facciones tendían a ser agrupaciones sueltas y fluctuantes de individuos para apoyar a un determinado líder o una cierta política. Aun así, desde el principio se las consideró con recelo como destructoras de la armonía existente. Hay pruebas de que la aparición de facciones y partidos a partir de las elecciones y asambleas consensuadas anteriores produjo sentimientos de insatisfacción y decepción. El barrido de los partidos hizo que la representación fuera más parcial e introdujo la división y la polarización política a escala nacional.

Poco a poco se fue creando una tensión entre la recurrente sospecha de las divisiones partidistas y la aparente inevitabilidad de la organización partidista. Por ejemplo, la Liga Municipal Nacional de Estados Unidos defendía las votaciones abiertas no partidistas en el gobierno local. En palabras de uno de sus fundadores, con las candidaturas de los partidos, «una minoría pequeña, pero bien disciplinada, enérgica y sin escrúpulos, puede generalmente derrotar a la mayoría honorable y patriótica». Cuando la gente se ve obligada a votar en bloque por los candidatos de un solo partido, la consecuencia es que, «aunque muchos votantes encuentran opiniones que desaprueban en cada plataforma, no ven otra alternativa que votar por uno u otro, y así parecen respaldar y apoyar ideas a las que realmente se oponen». La antigua agenda pública abierta a temas relevantes, tal como era promovida por numerosos candidatos individuales, se redujo a los paquetes proporcionados por cada partido.

Sin embargo, como los partidos facilitaban el acto de votar, acabaron siendo reconocidos como «males inevitables». Como escribió la politóloga Susan Scarrow, «aunque la experiencia política quizá haya convencido a mucha gente de la inevitabilidad y eficacia de los partidos, fue y es menos capaz de persuadir a todos de que sean deseables».[2]

SISTEMAS BIPARTIDISTAS LOCALES

Cuando las primeras listas o coaliciones precarias de candidatos se consolidaron como nuevos partidos, estos cambiaron y manipularon las reglas electorales para darse más ventajas y reforzar su control del proceso político.

Desde la elección del Presidente Jackson, los demócratas se habían beneficiado de numerosas barridas partidistas. Los whigs habían estado en la oposición y se habían visto muy perjudicados por la mejor organización de los demócratas en el uso de la papeleta general. Por ejemplo, en las elecciones de 1840, los whigs recibieron el 43 por ciento de los votos en el estado de Alabama y, sin embargo, no obtuvieron ni un solo escaño.

Los whigs aprovecharon entonces la rara oportunidad de tener una mayoría en la Cámara para aprobar una ley que obligaba a los estados a adoptar distritos electorales con un solo escaño. La nueva norma cambió el juego. Sin embargo, algunos estados controlados por los demócratas se resistieron y retrasaron la aplicación del mandato, y algunos de los estados de nueva creación también pospusieron la decisión. Al menos dieciséis estados siguieron utilizando distritos de ámbito estatal con múltiples escaños durante varios periodos antes de que se confirmara la norma general de distritos con un solo escaño en 1967.

Con este sistema, si varios partidos obtienen un apoyo desigualmente distribuido en diferentes distritos y estados, un partido puede ganar el mayor número de escaños a escala nacional, pero puede basarse en un apoyo popular minoritario. Incluso si un partido recibe una mayoría absoluta de votos en una mayoría absoluta de distritos electorales, puede obtener una mayoría absoluta de escaños basándose en una minoría nacional de votos populares. (Por ejemplo, si un partido gana con el 60 por ciento de los votos en el 60 por ciento de los distritos, solo habrá recogido $0,6 \times 0,6 = 0,36$, o el 36 por ciento del voto popular nacional, pero se le asignará el 60 por ciento de los escaños).

En la Cámara de Representantes, durante el periodo 1828-2022, un partido recibió una minoría nacional de votos populares pero se le asignó una mayoría absoluta de escaños en casi un tercio de las elecciones (en treinta y una de noventa y nueve).

En nueve ocasiones, el partido que perdió en votos a escala nacional frente a otro partido se convirtió en el ganador en escaños. Este extraño resultado se produjo a favor de los whigs contra los demócratas ganadores en votos populares en 1846 y a favor de los demócratas contra los whigs ganadores en votos populares en 1848. Favoreció a los republicanos frente a los demócratas ganadores en voto popular en 1880, 1888, 1952, 1996 y 2012, mientras que en 1914 y 1942 favoreció a los demócratas frente a los ganadores en voto popular republicanos (que en esta última elección no solo obtuvieron más votos que cualquiera de sus rivales, sino la mayoría absoluta del total de votos).[3]

EL DIFÍCIL BIPARTIDISMO NACIONAL

Aun con constricciones institucionales, no fue fácil coordinar el conjunto de uno o dos partidos capaces de ganar en cada estado en solo dos grandes partidos de ámbito nacional. Cuando se empezaron a formar los partidos modernos, el país estaba en expansión, su población se multiplicaba y aumentaba en diversidad. Las amenazas existenciales extranjeras que habían instado al consenso y a la unión nacional habían desaparecido. A lo largo de varias décadas, los partidos continuaron siendo localistas y no elaboraron planes nacionales coherentes. Como estaban divididos por sus preferencias respecto a la esclavitud, intentaron crear coaliciones a corto plazo de políticos del Norte y del Sur evitando el tema y presentando programas vagos e incoherentes. Una variedad de candidaturas flotantes y sueltas, facciones y camarillas con vínculos débiles, formaron partidos nacionales basados principalmente en organizaciones estatales y locales.

Antes de la Guerra Civil, los llamados «terceros» partidos obtuvieron una media del 15 por ciento del voto popular en las elecciones nacionales para la Cámara de Representantes, ganaron asambleas legislativas estatales, eligieron gobernadores y enviaron delegados al Colegio Electoral presidencial. Durante casi cien años, de 1836 a 1932, al menos veinte partidos distintos de los dos más grandes eligieron a más de setecientos representantes en la Cámara. Otros catorce partidos eligieron a cuarenta senadores en veinticuatro estados. En algunos periodos, hubo hasta seis partidos en la Cámara.

La fragmentación política también afectó a las elecciones presidenciales. Debido a la proliferación de candidatos, más de la mitad de los que ganaron la Presidencia recibieron una minoría de votos populares en el periodo 1836-1928 (en trece de veinticuatro elecciones, incluidas las dos en las que el candidato ganador del voto popular perdió en el Colegio Electoral). Diecisiete de los diecinueve presidentes de este agitado periodo estuvieron en el cargo menos de dos mandatos, ya sea porque no se presentaron a la reelección (seis de ellos), se presentaron pero perdieron (cinco) o murieron en el ejercicio del cargo (seis, incluidos tres que fueron asesinados). En casi cien años, solo un presidente fue elegido dos veces por mayoría de votos populares y completó dos mandatos: el general Ulysses Grant, el vencedor militar de la Guerra Civil.[4]

Durante doscientos años han proliferado las coaliciones territoriales inconsistentes, las facciones múltiples, la división interna, las escisiones y las elecciones con candidaturas presidenciales controvertidas. En la actualidad, los dos principales partidos políticos de Estados Unidos abarcan un abanico de propuestas políticas y orientaciones ideológicas comparable al típico sistema europeo con múltiples partidos: hay liberales y socialistas dentro del Partido Demócrata, y conservadores y populistas dentro del Partido Republicano, con los Verdes y los Libertarios flanqueando a cada lado. Los dos grandes partidos políticos no son siempre la forma de representación dominante, ya que cohabitan con primarias abiertas, iniciativas legislativas populares, referendos y destituciones de funcionarios. Aunque existen poderosas maquinarias partidarias a escala local, en muchos aspectos los partidos nacionales continúan siendo coaliciones de organizaciones locales bajo un paraguas común impulsado por las elecciones presidenciales.

En general, el sistema estadounidense, no planificado y restrictivo, con solo dos partidos políticos nacionales viables, ha comportado partidos localistas, débiles y divididos internamente. El sistema ha producido candidaturas facciosas y largas disputas dentro de cada partido para seleccionar a sus candidatos. Sin embargo, al no permitir el pluralismo político en el nivel competitivo de las candidaturas, también ha forzado unas elecciones presidenciales polarizadas.

La alternativa parlamentaria multipartidista

Más que por las elecciones al Congreso, la polarización política es generada en Estados Unidos por la elección separada del presidente ejecutivo, ya que también promueve la concentración de votos en solo dos candidatos, pero a escala nacional.

Estas elecciones presidenciales separadas para el jefe del ejecutivo no existen en los otros países de herencia británica. En Canadá, Australia e India, los sistemas electorales para el Parlamento se basan, al igual que en Estados Unidos, en el antiguo modelo británico de distritos con un solo escaño. Sin embargo, en estos países no se malinterpretó el régimen británico como una separación de poderes, según la equívoca versión de Montesquieu. Todos tienen regímenes parlamentarios en los que el jefe de Gobierno no se elige por separado, sino, como en Gran Bretaña, por mayoría en el Parlamento.

En estos países, el efecto restrictivo de la regla electoral de permitir solo dos partidos viables funciona en cada distrito para las elecciones parlamentarias, como en Estados Unidos. No obstante, si diferentes parejas de partidos compiten y ganan en diferentes partes del país, pueden crear un sistema parlamentario con múltiples partidos de ámbito nacional. En los cuatro países mencionados no existe la fuerte presión de las elecciones presidenciales para la polarización a escala nacional, por lo que hay múltiples partidos en el Parlamento, cada uno ganador en diferentes territorios. Si ninguno de los partidos tiene mayoría en el Parlamento, pueden intentar formar una coalición parlamentaria para conseguir un apoyo mayoritario y una coherencia entre el ejecutivo y el legislativo. El sistema es más flexible porque, a lo largo del tiempo, diferentes combinaciones de partidos pueden formar diferentes mayorías políticas.

En Estados Unidos, son principalmente las elecciones presidenciales las que generan la coordinación de las organizaciones partidistas estatales para formar dos partidos paraguas a escala nacional. Es principalmente en torno a las campañas y las elecciones presidenciales cuando el electorado nacional se polariza en pos de una alta concentración de poder en la Casa Blanca. A pesar de su gran tamaño y diversidad, en Estados Unidos hay muchos menos partidos —debido a las elecciones presidenciales separadas— que en los otros países antes mencionados que solo tienen elecciones nacionales parlamentarias.

9

Mayorías cambiantes y agendas en acordeón

Una de las obsesiones de James Madison y otros constituyentes era evitar una «tiranía de la mayoría». A primera vista, la noción parece difícil de cuadrar con el principio básico de la democracia, que es el gobierno de la mayoría. Si la mayoría gobierna por medios democráticos, no debe ser una tiranía.

La preocupación se refiere al otro principio fundamental de la democracia: el respeto a las minorías. La mayoría gobernante debe respetar y no avasallar los derechos de los individuos, grupos y territorios, especialmente los que no apoyan ni forman parte de la mayoría gobernante. Madison argumentó: «En todos los casos en los que una mayoría está unida por un interés o una pasión común, los derechos de la minoría están en peligro». La preocupación de los constituyentes reflejaba el riesgo de que, en un país grande, en expansión y diverso, el gobierno de la mayoría pudiera excluir a vastos sectores de ciudadanos, que podrían verse tentados a la resistencia, la rebelión o la secesión.

La solución radical propuesta consistió en fragmentar un electorado grande y diverso para dificultar la formación de una mayoría. Alexander Hamilton pronosticó que, con el régimen federal y de separación de poderes que proponían, «la sociedad misma estará dividida en tantas partes, intereses y clases de ciudadanos que los derechos de los individuos, o de la minoría, correrán poco peligro por las combinaciones interesadas de la mayoría». Madison auguró que «todas las sociedades civilizadas se dividirían en diferentes sectas, facciones e intereses», como ricos y pobres, deudores y acreedores, agrarios y comerciantes, y diversas sectas territoriales y religiosas. Hoy en día, los encuestadores y los medios de comunicación actualizarían la lista identificando también a otras minorías como trabajadores blancos, residentes rurales, habitantes de los suburbios, mujeres casadas, estudiantes universitarios, afroamericanos, latinos, católicos, judíos y otros grupos.

Un supuesto implícito en este enfoque es que, en una sociedad grande y compleja, cualquier mayoría necesita estar formada por un conjunto de grupos minoritarios diversos con intereses diferentes. Todas las mayorías deben ser coaliciones de minorías. Para Madison, cuando una mayoría se convierte en permanente, se vuelve tiránica. Por tanto, para evitar la tiranía y la exclusión no debe haber una mayoría permanente al mando, sino una sucesión de diferentes mayorías ganadoras formadas por conjuntos cambiantes de minorías. Cualquier mayoría gobernante no tiránica debería ser temporal, provisional y propensa al cambio.

Desde otro punto de vista, todas las minorías sociales, culturales y territoriales deberían tener la oportunidad de formar parte de alguna mayoría gobernante temporal; todo el mundo debería ser, por turnos, un ganador y un perdedor temporal. Esta perspectiva haría que los perdedores temporales aceptaran la derrota, ya que podrían esperar superar la situación en algún futuro imprevisible pero ciertamente existente. Tanto los ganadores como los perdedores, siempre que lo fueran solo temporalmente, apoyarían la república y el sistema electoral creado por esa rotación continua en el poder.[1]

UN PÉNDULO OSCILANTE

Inicialmente, como hemos comentado, James Madison concibió su modelo sin facciones ni partidos políticos. Individuos cualificados que representaran diferentes comunidades, intereses, valores y opiniones formarían mayorías cambiantes apoyadas en coaliciones de minorías sociales o culturales con agendas variables.

Poco después de las primeras elecciones, durante el primer mandato presidencial de George Washington, cuando la política partidista apenas tenía importancia, Madison se preguntó si algún día podrían existir partidos políticos. Especuló que «en toda sociedad política, los partidos son inevitables. Una diferencia de intereses, real o supuesta, es la fuente más natural y fructífera de ellos». Sin embargo, Madison no se preguntó cómo organizar la representación del pluralismo político, sino cómo «combatir el mal». El combate consistiría en restringir el cambio político partidista y, «en la medida en que no se pueda impedir la existencia de los partidos, ni acomodar sus puntos de vista, hacer que un partido sea un control del otro». Los controles mutuos era la receta inicialmente ideada para las instituciones separadas no partidistas, pero ahora se aplicaba a un hipotético juego político con partidos. De alguna manera, las instituciones serían sustituidas por los partidos; cada institución se convertiría en el instrumento de un partido político para controlar a los demás.

Como hemos analizado, los partidos políticos surgieron de la práctica de competir en las elecciones, legislar y gobernar. Pensadores como Hume y Rousseau, a quienes citamos en un capítulo anterior, ponderaron que, si los partidos eran inevitables, era mejor tener tantos como fuera posible y evitar que uno dominara. Con partidos políticos, el modelo madisoniano de coaliciones cambiantes de minorías sociales debería haberse convertido en uno de coaliciones cambiantes de múltiples partidos. De hecho, en uno de sus artículos recogidos en *El federalista*, Madison se refirió a «la mayor seguridad que proporciona *una mayor variedad de partidos*, contra el caso de que uno de ellos pueda superar en número y oprimir al resto».

Sin embargo, las restricciones impuestas por el sistema electoral del Congreso y las elecciones presidenciales confirmaron que solo dos partidos podían competir efectivamente por cargos federales. Así, cada uno de los dos partidos más grandes intenta formar una mayoría basada en un conjunto de minorías económicas, sociales, étnicas, territoriales e ideológicas. En una perspectiva a largo plazo, se pueden identificar mudanzas significativas de algunas minorías entre un partido y el otro. Por ejemplo, desde la década de 1960, la mayoría de los afroamericanos pasaron de apoyar a los candidatos republicanos a los demócratas, al igual que algunas mujeres en los suburbios lo han hecho más recientemente. Asimismo, desde la década de 1960, la mayoría de los católicos pasaron, al revés, de demócratas a republicanos, como parecen haber hecho algunos trabajadores blancos y latinos en los últimos años.

Sin embargo, a corto y medio plazo, de un ciclo electoral a otro, dadas las limitaciones del restrictivo sistema con solo dos partidos, la sucesión de mayorías alternativas es menos una rotación de diversos conjuntos de ganadores que un movimiento pendular. La hipotética sucesión madisoniana de coaliciones cambiantes formadas por conjuntos variados de minorías y «una mayor variedad de partidos» se ha convertido en un sistema bipartidista no planificado y polarizado.[2]

INCENTIVOS ELECTORALES NEGATIVOS

Las fórmulas institucionales y el número de partidos tienen consecuencias muy relevantes sobre la gobernabilidad. En la mayoría de las democracias avanzadas, en las que múltiples partidos obtienen representación, estos promueven programas centrados en diferentes temas prioritarios que pueden atraer la atención o los intereses de diferentes grupos de votantes, evitando así la polarización. También forman gobiernos de coalición variables con dos o más partidos en diferentes momentos, lo cual, como citamos de David Hume, tiende a «fomentar las opiniones moderadas, encontrar el medio adecuado en todas las disputas [...] y mantener un equilibrio en los elogios y las culpas».

En los países con regímenes parlamentarios y múltiples partidos, las alternativas para cada partido son cooperar con otros partidos y compartir el poder o quedarse en la oposición. Cooperar y formar un Gobierno de coalición implica hacer concesiones con respecto a algunas políticas públicas y compartir la responsabilidad de los resultados de la gobernanza, ya sean exitosos o fallidos. Esto es lo que funciona en la mayoría de las democracias avanzadas, en las que múltiples partidos obtienen representación, promueven programas centrados en diferentes temas prioritarios y forman diferentes gobiernos de coalición en diferentes momentos.

Los Indicadores de Gobernanza del Banco Mundial evalúan todos los países por la participación de los ciudadanos, la responsabilidad de los gobernantes, la estabilidad política, la ausencia de violencia y la vigencia del derecho. Todos los diez países mejor gobernados según estos criterios tienen regímenes parlamentarios sin elecciones presidenciales separadas y con una fusión de poderes entre el Parlamento y el Gabinete. En ocho de ellos, múltiples partidos con representación parlamentaria forman gobiernos de coalición; estos países están en la Europa del norte: Dinamarca, Finlandia, Noruega y Suecia; en la Europa central: Alemania, Holanda y Suiza; y en el Pacífico: Nueva Zelanda. Los otros dos son antiguas colonias británicas, Australia y Canadá, en las que, como comentamos, a pesar de las restricciones de sus sistemas electorales basados en distritos con un solo escaño, más de dos partidos obtienen representación.

Para la mayoría de los partidos, aplicar sus políticas favoritas en algunas cuestiones y «mantener un equilibrio en los elogios y las culpas» con otros partidos en otras cuestiones, en palabras de Hume, suele ser preferible a quedarse sin poder y sin influencia en la legislación y la gestión pública.

Por el contrario, en los regímenes con poderes separados y solo dos partidos, como en Estados Unidos, los partidos tienen incentivos contradictorios para favorecer la gobernabilidad u obtener ventajas electorales. Cuando el partido del presidente no tiene mayoría en el Congreso, favorecer la gobernabilidad requeriría que el partido de la oposición hiciera concesiones políticas e intentara acuerdos intermedios con el partido del presidente, pero al contrario de lo que ocurre en sistemas con múltiples partidos, sin compartir los puestos del Gabinete. Las concesiones unilaterales de un partido pueden decepcionar a sus partidarios, ser electoralmente perjudiciales y no proporcionar compensaciones de poder.

Así, los intereses electorales pueden motivar a cada partido a culpar al otro de los fracasos a la hora de legislar o gestionar los asuntos públicos y hacerle plenamente responsable de los resultados insatisfactorios. A menos que haya una emergencia que requiera una unidad nacional bipartidista, cada partido puede preferir el bloqueo y el conflicto a la cooperación. Los incentivos electorales tienden a prevalecer sobre los incentivos de gobernabilidad; por supuesto, a expensas del bien público de los ciudadanos.[3]

La manipulación de la agenda

En las contiendas electorales de Estados Unidos tienden a formarse dos coaliciones partidistas de diferentes minorías en torno a diferentes selecciones de temas políticos relevantes. Diferentes grupos de votantes pueden estar interesados, motivados o atraídos por diferentes temas y apoyar a los candidatos o partidos que los enfatizan. Como observó William Riker, «los perdedores generan nuevos temas con la esperanza de convertirse en ganadores [...]. El contenido de la política es la invención y promoción de nuevas alternativas en apoyo de las cuales los descontentos pueden unirse y ganar».[4]

Por supuesto, los cismas sociales se intensifican con cambios como, por ejemplo, en las últimas décadas, la división de la clase media, la desigualdad económica o la discriminación racial. Algunos acontecimientos imprevistos también pueden convertir a los grupos de presión, las organizaciones no gubernamentales, los movimientos sociales o los medios de comunicación en creadores de agendas. Sin embargo, las divisiones sociales y los nuevos acontecimientos pueden generar polarización política solo si los políticos les prestan atención y estimulan la confrontación para transformar las diferencias entre la gente en competición política adversa.

Con solo dos partidos, cuantas más cuestiones sin resolver se planteen y más densa sea la agenda pública, más difícil será formar una mayoría consistente. Por el contrario, con menos temas y una agenda pública más reducida, cabe esperar más consenso y paz interna. El inconveniente es que el consenso político basado en la restricción de la agenda pública puede implicar la exclusión institucional de grupos interesados en los temas descuidados, lo que puede desalentar la participación política y electoral.

Dada la importancia de la política exterior para una gran potencia internacional como Estados Unidos, las agendas públicas pueden expandirse y comprimirse, como un acordeón, en función de los contextos internacionales. En concreto, cuando el país se siente bajo una amenaza existencial externa, como ocurrió durante las primeras décadas tras la independencia de Gran Bretaña o durante los años de la Segunda Guerra Mundial y de la Guerra Fría con la Unión Soviética, la política exterior se convierte en el tema dominante de la agenda política y la atención pública. En estos periodos, la agenda del Gobierno federal es estrecha y puede ser ampliamente consensuada. Muchas cuestiones internas, que pueden ser controvertidas, se dejan de lado.

En cambio, en los periodos de paz internacional, cuando la política exterior es relativamente menos dominante en la agenda pública, surgen otros temas internos que se politizan a escala nacional. Entonces la agenda federal tiende a ampliarse. Las cuestiones que se examinan son numerosas y, a menudo, controvertidas y divisorias. Formar una mayoría compacta se vuelve más difícil.

Cuando la agenda potencial de asuntos pendientes se amplía, los tapones impuestos a la gobernabilidad por un sistema político restrictivo son más visibles. La separación de poderes, los controles mutuos y la existencia de solo dos grandes partidos nacionales impiden tratar muchos temas al mismo tiempo.

A veces, algunos legisladores proactivos elaboran estrategias para embutir numerosas cuestiones dispares en un gran paquete de proyecto de ley, para apostar arriesgadamente por conseguir todo o nada. En la realidad, la agenda efectiva se reduce y la cantidad de legislación real continúa siendo relativamente baja.

Como reacción característica a la ineficacia del Gobierno, los ámbitos extrainstitucionales se activan más. Entre los nuevos candidatos a hacer promesas alternativas se encuentran pequeños partidos ruidosos pero ineficaces, las apuestas de los estados y las ciudades por una mayor autonomía real, los movimientos sociales, las protestas y las rebeliones.

MEDIR LA POLARIZACIÓN

La polarización presidencial puede medirse por el tamaño y la distancia relativa entre los candidatos partidistas. Cuanto más similares sean los porcentajes de votantes o electores de los dos principales candidatos y mayor sea la distancia política e ideológica entre ellos, mayor será la polarización. Así, dos candidatos con cerca del 50 por ciento de los votos o electores y con posiciones extremadamente opuestas generarán la máxima polarización.[5]

Las victorias y las derrotas electorales por unas pocas décimas de porcentaje de votos son manifestaciones inequívocas de polarización. La menor polarización se produce cuando un candidato cuenta con un amplio apoyo mayoritario, que refleja o induce el consenso social.

Incluso si dos candidatos son menos extremos y están más cerca el uno del otro en posiciones políticas relativamente moderadas, una alta competitividad cercana a un reparto de votos o de electores al 50 por ciento también puede generar polarización. Ante un previsible empate, cada uno de los dos rivales puede intentar obtener una mayoría decisiva eligiendo temas no resueltos, reforzando sus declaraciones opuestas y presionando a los votantes a unirse a uno de los bandos contra el otro.

La polarización de los partidos y los candidatos tiene más consecuencias políticas que la polarización de los votantes. Por lo general, los partidos pueden guiar y llevar a los votantes en su dirección, ya sea hacia la cercanía o la distancia con el otro bando, pero en una medida limitada. Esto se debe a que es menos difícil coordinar y movilizar a unos cientos de políticos que a cientos de miles de seguidores de las redes sociales y a millones de votantes. Si los partidos y los líderes políticos se mueven para radicalizar sus posiciones y provocar la polarización, los votantes pueden seguirles y polarizarse más en sus preferencias, pero normalmente menos de lo que llegan a estar los políticos y los partidos. Si, por el contrario, los partidos se moderan y convergen en sus posiciones, los votantes también pueden moderarse, pero menos de lo que lo hacen los políticos partidistas.

En cuestiones controvertidas, algunos votantes pueden tener preferencias más intensas que otros. Por ejemplo, los que se oponen a la inmigración pueden estar más motivados y ser más activos que los que apoyan una legislación más inclusiva sobre el tema. Como otro ejemplo, los que están a favor del derecho de las mujeres al aborto pueden estar más preocupados y movilizados que los que se oponen. Y así sucesivamente.

Sin embargo, si solo hay dos candidatos viables entre los que elegir, el electorado puede dividirse en dos mitades a pesar de la intensidad o asimetría de las preferencias de la gente. El poder de los candidatos electorales depende únicamente de los votos de los ciudadanos y del sistema electoral que transforma esos votos en escaños o electores, no de la intensidad emocional o ideológica de los votantes. Así, los candidatos pueden promover una competición polarizada sobre un tema que les pueda dar ventaja, aunque el interés de la gente sobre el tema sea relativamente bajo o muy asimétrico.

Por todo ello, parece posible medir la polarización política mediante el apoyo del voto popular a los ganadores y la cercanía en la distribución de votos y electores entre los dos candidatos principales. Nos centraremos, en primer lugar, en las elecciones presidenciales.

Los diecinueve presidentes con voto popular minoritario fueron figuras muy polarizantes, ya que la mayoría de los votantes no los apoyaron. Los presidentes con los menores apoyos en votos populares fueron Abraham Lincoln, con una cuota nacional inferior al 40 por ciento, Woodrow Wilson, con menos del 42 por ciento, Richard Nixon, con el 43 por ciento, y Bill Clinton, con el 43 por ciento.

El otro indicador, los márgenes de las victorias presidenciales, ha variado mucho. Cabe distinguir cuatro periodos alternativos en los que ha dominado el consenso o la polarización.

En las siete primeras elecciones de los Fundadores, desde Washington hasta Monroe, el margen medio entre el primer y el segundo candidatos fue del 46 por ciento del voto popular. Sin contar las dos primeras victorias casi unánimes de Washington, la media es del 30 por ciento, lo que implica una relación de casi dos a uno entre los dos contendientes. Estas cifras indican un consenso muy amplio con los presidentes elegidos, característico de un periodo centrado en la política exterior defensiva y la construcción nacional.

Durante el segundo periodo, pacífico en el exterior y agitado en el interior, de 1824 a 1916, el margen medio de victoria presidencial fue de solo el 7 por ciento de los votos, lo que indica una alta competitividad. Los márgenes de victoria más bajos, de menos del 1 por ciento de los votos populares o con menos votos populares para el ganador que para el segundo —lo que implica una polarización muy alta—, se dieron en las elecciones de John Quincy Adams, Rutherford Hayes, James Garfield, Grover Cleveland y Benjamin Harrison.

En el tercer periodo con guerras exteriores y relativa paz interna, 1932-1988, algunos presidentes ganaron por márgenes más altos, con una media del 12 por ciento, lo que sugiere una menor polarización y un mayor consenso. Varios presidentes recibieron dos mayorías absolutas de votos populares y completaron dos mandatos: Franklin D. Roosevelt, el general Dwight Eisenhower y Ronald Reagan, de nuevo con una agenda pública relativamente restringida.

Y en el periodo más reciente de la post Guerra Fría, 1992-2020, el margen entre el primer y el segundo candidatos se ha reducido a tan solo un 4 por ciento, lo que sin duda apunta a una polarización mucho mayor. La agenda pública de temas controvertidos ha crecido en gran medida; la política exterior, típicamente consensuada, no ha sido el único o principal foco de debate público, y la polarización partidista ha aumentado de forma constante. Varios presidentes ganaron con un margen inferior al 1 por ciento de los votos populares o con menos votos populares para el ganador que para el segundo: John Kennedy, Richard Nixon, George W. Bush y Donald Trump. Solo Barack Obama atrajo un amplio consenso temporal al ganar dos veces con una mayoría del voto popular.

Este análisis de la polarización presidencial y la consiguiente periodización histórica que se presenta en la cuarta parte de este libro son coherentes con las medidas de polarización del

Congreso. Un índice de polarización del Congreso ampliamente respetado y utilizado se basa en el enfoque *NOMINATE*, que mide las posiciones políticas de los dos partidos, las distancias mutuas y el solapamiento en una escala izquierda-derecha, basándose en el historial de votaciones nominales de los congresistas. El Gráfico 1 representa la polarización en la Cámara de Representantes con este enfoque, adaptado del trabajo de Nolan McCarty, Keith Poole y Howard Rosenthal.[6] Los valores del Senado y los resultados con otros enfoques dan resultados similares en cuanto a la polarización.

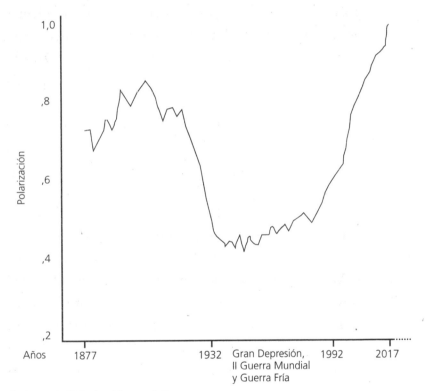

GRÁFICO 1. Polarización en el Congreso
Fuente: adaptado del gráfico en Nolan McCarty, *Polarization. What Everyone Needs to Know*, Oxford University Press, 2019, p. 31, basado en una actualización de los datos de Nolan McCarty, Keith T. Poole y Howard Rosenthal, *Polarized America. The Dance of Ideology and Unequal Riches*, MIT Press, 2006.

Con el apoyo de esta visión a largo plazo, en las siguientes páginas se analizará la dinámica histórica de diferentes periodos con predominio alterno de la cooperación consensual o el conflicto polarizado.

O ira interna o miedo externo

Desde la perspectiva presentada en las páginas anteriores, pueden distinguirse cuatro periodos históricos en los que se alternan la cooperación consensuada y el conflicto polarizado. En las siete primeras elecciones de los Fundadores hubo un amplio consenso con los presidentes elegidos, característico de un periodo centrado en una política exterior defensiva y la construcción nacional.

Luego, llegó el periodo relativamente pacífico externamente y agitado internamente de 1824 a 1916. El telón de fondo del país era una gran fragmentación y una polarización latente en torno a la cuestión de la esclavitud. La incapacidad del débil Gobierno federal de reforzar la unión nacional y el contencioso sistema institucional produjeron graves conflictos políticos, que alcanzaron su punto álgido en la Guerra Civil.

El periodo siguiente comportó guerras internacionales y una relativa paz interna, 1932-1988. Supuso una reducción de la agenda pública, un consenso político en los principales temas centrales de la economía y la Segunda Guerra Mundial y la Guerra Fría, una convergencia bipartidista y compromisos institucionales. Sin embargo, hubo también una baja participación electoral y notable apatía política.

Por último, en el periodo más reciente de la post Guerra Fría, desde 1992, la agenda pública de temas internos controvertidos ha crecido enormemente. Se ha producido un aumento de la hostilidad partidista, así como frecuentes bloqueos legislativos, cierres de Gobierno y destituciones presidenciales, que alcanzaron su punto álgido en torno a las elecciones de noviembre de 2020 y sus consecuencias.

10

Anarquía y guerra civil

En un destello de lucidez y franqueza en la Convención de Filadelfia, James Madison pronunció: «La verdadera diferencia de intereses radica, no entre los estados grandes y pequeños, sino entre los estados del Norte y del Sur. La institución de la esclavitud y sus consecuencias forman la línea de discriminación».[1]

Durante varias décadas, la mayoría de los líderes políticos intentaron un equilibrio de representación entre los estados del Norte y del Sur y mantener el tema de la esclavitud fuera de la primera plana. Sin embargo, avivada por las rivalidades territoriales, la agenda política acabó centrándose en la prohibición del comercio de esclavos frente a la expansión de la esclavitud a nuevos territorios y estados. La inestabilidad territorial generó el máximo conflicto.

Los colonos ingleses habían introducido la esclavitud en Norteamérica doscientos años antes, inicialmente en Virginia, donde nacieron siete de los primeros doce presidentes. Cuando se reunió la Convención, ocho estados del Sur permitían la esclavitud y cinco del Norte eran «libres». Como se ha mencionado, muchos delegados eran propietarios de esclavos. La Constitución no cambió el *statu quo* y validó implícitamente la esclavitud.

La Constitución introdujo tres regulaciones específicas. En primer lugar, prohibió que el Congreso prohibiera el comercio de esclavos, descrito eufemísticamente como «la migración o importación de las personas [...] que cualquiera de los estados existentes considere oportuno admitir». Esta prohibición permitió a los estados esclavistas continuar aumentando el número de esclavos más allá de su reproducción. El comercio se prohibiría veinte años después, en 1808, pero los barcos ilegales que traían cautivos de África seguirían llegando a las costas de Norteamérica durante los siguientes cincuenta años.

En segundo lugar, para reforzar el *statu quo*, los estados del Norte debían capturar a los esclavos fugitivos y devolverlos al Sur. Durante muchos años se produjeron miles de detenciones, secuestros, juicios públicos, movilización de soldados y marines, mucha violencia y muertes.

Por último, se estableció que la representación de los estados esclavistas en la Cámara de Representantes y en el Colegio Electoral se basaría en el censo de cada estado contando cada esclavo como 3/5 de persona. Esta norma deshumanizaba a los negros, por supuesto, al mismo tiempo que aumentaba la representación política de los blancos del Sur.

Estos ajustes constitucionales crearon un equilibrio balanceado, ya que pronto habría el mismo número de estados libres que de estados esclavistas, con similares tamaños de población. El equilibrio impidió lo que James Madison habría llamado una «tiranía de la mayoría», mantuvo a los dos bandos controlándose mutuamente y retuvo al Gobierno en «reposo o inacción», como quería Montesquieu. Diez de los primeros doce presidentes eran propietarios de esclavos (las dos excepciones fueron la familia Adams). En 1860, el número de esclavos había aumentado de unos setecientos mil a cuatro millones, con lo que continuaban siendo uno de cada ocho habitantes.

Fuera de Estados Unidos, varios países habían reducido el comercio de esclavos a través del Atlántico mediante decretos y tratados bilaterales desde principios del siglo XIX. En Gran Bretaña, la esclavitud se abolió legalmente en 1833, casi treinta años antes que en Estados Unidos, una perspectiva que, según algunos autores, los Fundadores esclavistas podrían haber tenido en mente. Los esclavos también fueron liberados en la mayor parte del Imperio francés y en la mayoría de las repúblicas recientemente independizadas de España, incluido el vecino México, entre las décadas de 1830 y 1850.

En Estados Unidos, la controversia política que acabaría desembocando en la Guerra de Secesión y en la abolición de la esclavitud fue menos el resultado del enfrentamiento entre los defensores de la esclavitud y los abolicionistas que de la polémica sobre qué hacer en los territorios recién reconocidos y en los nuevos estados —de nuevo política territorial. Como la masiva inmigración europea se dirigió principalmente al Norte, la asignación de escaños en la Cámara de Representantes en función de la población benefició a los estados libres. Solo la admisión de nuevos estados esclavistas podría haber mantenido el equilibrio en el Senado, donde cada estado tiene la misma representación independientemente del tamaño de la población, y podría haber reducido la ventaja del Norte libre en el Colegio Electoral.

Una serie de frágiles compromisos intentaron mantener el equilibrio Norte-Sur y silenciaron la cuestión de la esclavitud durante un tiempo. En 1820, cuando doce de los veinticuatro estados eran esclavistas y los otros doce eran libres, un compromiso prohibió la esclavitud en los nuevos estados formados al oeste del río Missouri y al norte del paralelo 36° 30'. Sin embargo, cada admisión de un nuevo estado y la expansión del territorio provocaban controversias. Con la nueva expansión hacia el oeste y el sudoeste en la década de 1840 se intentó mantener el equilibrio entre los estados libres y los esclavistas mediante la admisión de los nuevos estados libres de California y Oregón frente a la mayor parte de Texas y los antiguos territorios mexicanos como esclavistas. En 1854 se intentó un compromiso para Kansas y Nebraska, pero los demócratas del Sur en el Senado rechazaron la admisión de Kansas como estado libre.

Luego, en 1857, el Tribunal Supremo, cinco de cuyos nueve miembros poseían esclavos, declaró inconstitucional el Compromiso de Missouri y cualquier prohibición federal de la esclavitud. Dictaminó que las personas de ascendencia africana eran «tan inferiores que no tenían derechos que el hombre blanco estuviera obligado a respetar [...] y que el negro podía ser justa y legalmente reducido a la esclavitud en su beneficio», prohibiendo así la prohibición de la esclavitud en cualquier nuevo estado. La cuestión que se había eludido durante décadas en la competición política se convirtió en el centro de la agenda pública.

Desunión y división

Cuando estas escaramuzas tenían lugar, durante el segundo tercio del siglo XIX, Estados Unidos era un país muy desunido y fragmentado, con un Gobierno nacional débil. El Sur era principalmente una zona rural y agraria en la que entre un tercio y una cuarta parte de los blancos poseían esclavos que trabajaban en los campos de sol a sol. La producción sureña de algodón se exportaba sobre todo a las fábricas textiles de Mánchester y otras ciudades inglesas, pioneras en el uso de máquinas de vapor. Por el contrario, el Norte era una zona urbana cada vez más comercial y manufacturera, con una población escolarizada y masas de inmigrantes, donde la mayoría de la gente trabajaba en lugares separados de su casa, con horario fijo y por un salario.

El equilibrio económico del país se vio especialmente sacudido por el desarrollo de los ferrocarriles y la industria siderúrgica asociada, que aumentó la brecha. Los líderes industriales del Norte querían aranceles para proteger su producción, mientras que los plantadores agrarios del Sur pedían libre comercio para sus exportaciones. Los empresarios del Norte también empezaron a temer que la mano de obra esclava del Sur se convirtiera en una competencia desleal para el desarrollo industrial de los nuevos territorios.

Mientras tanto, y durante muchas décadas, el esquelético Gobierno federal rara vez afectaba al ciudadano medio. En la mayoría de los lugares, casi la única institución visible era la oficina de correos. Existían múltiples horarios locales, incluso dentro de un mismo estado. No había una moneda común, sino hasta mil doscientos tipos diferentes de billetes impresos por trescientos cuarenta y siete bancos legalizados por los estados.

El telón de fondo del país era, pues, de gran fragmentación y polarización latente en torno a la cuestión de la esclavitud. La incapacidad del débil Gobierno federal de reforzar la unión nacional y el contencioso sistema institucional produjeron graves conflictos políticos.

Tras el despliegue de la política partidista durante el mandato del Presidente Andrew Jackson y la ausencia de requisitos de propiedad para votar en los nuevos estados occidentales, la movilización política se disparó. De 1840 a 1900, la participación media en las elecciones presidenciales fue del 78 por ciento de los ciudadanos con derecho a voto, un nivel que, ni de lejos, se volvería a alcanzar. El caos y la violencia se extendieron, como temían los autores de la Constitución. Durante varias décadas, el Congreso fue un campo de batalla, tanto verbal como físico.

El novelista inglés Charles Dickens visitó la Cámara de Representantes en Washington en 1842 y quedó impresionado por la animosidad de sus miembros y el ambiente de confrontación. En sus *Notas sobre América*, relató:

> Vi en ellos [los miembros del Congreso] las ruedas que mueven la más ruin perversión de la virtuosa Maquinaria Política que las peores herramientas jamás hayan forjado. Trucos despreciables en las elecciones; manipulaciones solapadas de los funcionarios públicos; ataques cobardes a los oponentes, con periódicos escabrosos como escudos y plumas alquiladas como puñales; tratos vergonzosos con mercenarios, cuya pretensión de ser tomados en cuenta hace que cada día y cada semana siembren nuevas cosechas ruinosas con sus ataques venales, que son como los dientes de dragón de antaño, en todo menos en la agudeza; ayudas y complicidades de todas las malas inclinaciones en la mente popular, y supresiones arteras de todas sus buenas influencias.

Dickens resumió:

> Cosas como éstas, y en una palabra, la Facción Deshonesta en su forma más depravada y desvergonzada, se asomó a todos los rincones de la abarrotada sala.[2]

Se han registrado más de cien incidentes con violencia en

la Cámara y el Senado entre 1830 y 1860. La historiadora Joanne B. Freeman ha estudiado ese «campo de sangre», en el que «grupos armados de congresistas del Norte y del Sur se enzarzaban en combates cuerpo a cuerpo en la sala [...] las peleas se hicieron endémicas y los congresistas se enfundaban cuchillos y pistolas antes de dirigirse al Capitolio cada mañana». Según su descripción, los incidentes «implicaban acciones físicas: puñetazos, bofetadas, bastonazos, empujones, negociaciones de duelos, duelos, armas blandas, volteo de escritorios, rotura de ventanas y cosas por el estilo».

Un famoso incidente tuvo lugar en 1856, cuando un senador republicano de Massachusetts denunció la «oligarquía esclavista» y exigió que el territorio de Kansas fuera admitido en la Unión como estado libre. Dos días después, un representante demócrata de Carolina del Sur se dirigió a la sala del Senado, se acercó al senador sentado a su escritorio y anunció que había «venido a castigarlo». Levantó su bastón con empuñadura dorada y comenzó a golpear al hombre en la cabeza, infligiéndole más de treinta golpes antes de que el bastón se hiciera añicos. El senador se desplomó con la cabeza cubierta de sangre y fue sacado de la Cámara. Tardó más de tres años en recuperarse de sus heridas en la cabeza. Tanto el senador de Massachusetts como el congresista de Carolina del Sur fueron reelegidos con entusiasmo.[3]

DESEQUILIBRIO Y GUERRA CIVIL

La cuestión de la esclavitud había dividido a los miembros del Norte y del Sur de los dos principales partidos, los whigs y los demócratas. Los whigs, que habían elegido a dos presidentes, se derrumbaron tras las escisiones y deserciones hacia los antiesclavistas Partido de la Libertad, Partido Americano (también conocido como los Know-Nothing o «Los que no saben nada», por su ambigüedad sobre el tema) y otros grupos. Asimismo, algunos demócratas del Norte se unieron al Partido del Suelo Libre, contrario a la esclavitud, y a otras disidencias. En 1854, varios grupos e individuos que se oponían a la esclavitud se unieron para formar el Partido Republicano como principal alternativa a los demócratas sureños en el poder.

La fragmentación del sistema de partidos y la polarización en torno a la cuestión de la esclavitud culminaron en las elecciones presidenciales de 1856 y 1860. En las primeras, el candidato demócrata proesclavista James Buchanan ganó con una minoría del 45 por ciento de los votos populares, por delante de las candidaturas antiesclavistas divididas de los republicanos y de una coalición de know-nothings y algunos whigs, que se repartieron la mayoría restante del 55 por ciento.

En 1860 no hubo tres sino cuatro candidatos principales. Esta vez la división funcionó al revés y perjudicó principalmente al bando proesclavista. Los demócratas gobernantes no llegaron a un acuerdo interno y se presentaron dos candidatos distintos en el Norte y en el Sur. Como consecuencia, perdieron tres estados meridionales del Norte a favor del republicano Abraham Lincoln y tres estados septentrionales del Sur a favor de un nuevo candidato unionista.

Diez estados del Sur no permitieron que Lincoln apareciera en la papeleta de voto, pero de los treinta y tres estados entonces existentes Lincoln ganó en dieciocho estados libres, incluidos tres de nueva creación en el Norte y el Oeste. En esos dieciocho estados, Lincoln recibió una media del 55 por ciento de los votos populares, suficiente para que se le asignara la mayoría de los electores en el Colegio. Sin embargo, en todo el país obtuvo quince puntos porcentuales menos que los candidatos antiesclavistas juntos cuatro años antes, con menos del 40 por ciento en total. En otras palabras, Lincoln obtuvo una mayoría absoluta de votos populares y de electores en una mayoría absoluta de estados, pero una minoría total de votos populares en toda la nación.

Lincoln había anunciado su intención de respetar la esclavitud en los estados donde existía. Aun así, se oponía a que la esclavitud se expandiera a los nuevos estados, con lo que el equilibrio anterior se rompería a favor de una mayoría antiesclavista, no solo en la Cámara, sino también en el Senado y en el Colegio Electoral presidencial.[4]

Los estados esclavistas del Sur se enfrentaban a la perspectiva de una «tiranía de la mayoría» que les dejaría reducidos a una minoría duradera. Siete semanas después de las elecciones de 1860, Carolina del Sur, que había enviado electores al Colegio Electoral sin una votación popular, declaró su secesión. Una justificación teórica de la secesión basada en la noción de soberanía estatal la aportó uno de los políticos más famosos de Carolina del Sur, John Calhoun, que había sido vicepresidente de dos presidentes, secretario de Estado de otros dos, secretario de Guerra de uno más, y tanto representante como senador federal. Se basó en resoluciones de asambleas estatales anteriores, patrocinadas por Thomas Jefferson y James Madison, a favor de la anulación de leyes federales inconstitucionales. Calhoun sostuvo que la prohibición de la esclavitud era inconstitucional y añadió que, sin la anulación, el estado tendría derecho a separarse de la Unión.

Otros seis estados siguieron la secesión de Carolina del Sur y formaron los Estados Confederados de América. Más tarde se adhirieron otros cuatro estados, con un total de unos diez millones de habitantes, un tercio de los cuales eran esclavos. Redactaron una nueva Constitución de la Confederación que pretendía ser la verdadera heredera de la Constitución de los Estados Unidos de América. La Constitución sureña era en su mayor parte un duplicado literal de la aprobada en Filadelfia, más la Carta de Derechos y las demás enmiendas. Incluía algunos cambios en el prefacio, que proclamaba la «soberanía e independencia» de los estados con el objetivo de «formar un Gobierno federal permanente». Aunque mantenía el cómputo de 3/5 para cada esclavo, añadió la protección legal para «el derecho de propiedad de los esclavos negros», introduciendo así en el texto la palabra anteriormente vedada. También prohibió que el Congreso aprobara medidas fiscales que favorecieran la industria y el comercio, introdujo un mandato de seis años para el presidente y otros cambios.

El Presidente Lincoln respondió a la rebelión de los once estados agrarios y esclavistas del Sur con la llamada a filas de setenta y cinco mil soldados voluntarios. Aparentemente, esperaba una operación militar breve y victoriosa. El Norte era superior en población, y por tanto en soldados, y en tecnología e industria, y por tanto en ferrocarriles y armas. Sin embargo, las victorias del Sur en las primeras batallas y su amplia y decidida resistencia dieron lugar a una guerra mucho más larga y mortífera de lo previsto.

Los líderes del Sur habían esperado el apoyo de Gran Bretaña y Francia, que eran los principales importadores del algodón sureño. Mientras que Gran Bretaña se mantuvo no alineada, Francia se mostró más audaz y activa. Pocos meses después del comienzo de la Guerra Civil, el ejército del emperador Luis Napoleón III invadió México para deponer la República presidida por Benito Juárez e instalar a Maximiliano de Habsburgo como emperador bajo patrocinio francés. El Imperio mexicano fue reconocido por Gran Bretaña, España, Austria y Prusia. Sin embargo, los líderes confederados desconfiaron de las intenciones de Luis Napoleón de reforzar los vínculos entre el Imperio mexicano y los estados sureños escindidos. Como reacción, Juárez declaró inmediatamente su apoyo y admiración a Lincoln, mientras que el Gobierno estadounidense repudiaba la injerencia europea en las Américas.[5]

Un año y medio después del inicio de la Guerra Civil, el Presidente Lincoln emitió la Proclamación de Emancipación para liberar a los esclavos de los estados y zonas aún «en rebeldía», ya que no tenía poder legal para abolir la esclavitud en los cinco estados norteños esclavistas regidos por la Constitución. Como resultado de su orden ejecutiva, casi doscientos mil hombres negros se alistaron en el ejército de la Unión. Hubo una manumisión gradual de los esclavos en los estados y territorios del Sur a medida que las tropas del Norte los ocuparon durante los tres años siguientes.

La antigua Confederación fue sometida a un régimen militar y dividida en cinco distritos, cada uno de ellos presidido por un general. La mayoría de los escaños de la Cámara de Representantes de nueve estados del Sur quedaron vacantes tras las elecciones de 1860, 1862 y 1864. Los once estados secesionistas no votaron en las elecciones presidenciales de 1864, cuando Lincoln se convirtió en el primer presidente en ser reelegido en más de treinta años. Posteriormente, los oficiales civiles y militares confederados fueron privados por algún tiempo del derecho de voto. Cada antiguo estado rebelde fue obligado a aprobar una nueva Constitución estatal aceptable para el Congreso federal. La victoria de la Unión confirmó la «tiranía de la mayoría» contra la población minoritaria que apoyaba la esclavitud y el modo de vida del Sur.

En su mensaje desde Gettysburg, Lincoln reconoció que la Guerra Civil ponía a prueba «si esa nación [Estados Unidos], o cualquier otra nación así concebida y dedicada, podía perdurar mucho tiempo». La Constitución y sus instituciones se habían mostrado incapaces de resolver la cuestión más conflictiva de la Unión. «Una guerra civil es la definición misma de una constitución fracasada», escribe el historiador Noah Feldman. La proclamación de Lincoln y su recurso al gobierno militar, que eran claramente contrarios a los principios iniciales de la Constitución, requerirían varias enmiendas y reformas importantes.

Tras cuatro años de batalla, el número de víctimas mortales en la Guerra Civil, unas setecientas cincuenta mil según estimaciones recientes, fue mayor que el total en todas las demás guerras libradas por Estados Unidos en toda su historia, incluidas las mundiales. Ciudades antes prósperas, como Atlanta y Richmond, fueron destruidas. La matanza, la devastación y la humillación de los perdedores dejaron huellas duraderas en la política americana.[6]

RECONSTRUCCIÓN Y RESTAURACIÓN

Durante las primeras décadas posteriores a la Guerra Civil se produjo un importante desarrollo económico y una expansión gubernamental. Los ferrocarriles, inicialmente utilizados sobre todo para el transporte de tropas militares, sustituyeron a las redes de canales. El telégrafo se extendió, a menudo a lo largo de las vías del tren. El descubrimiento de petróleo generó las primeras refinerías y una amplia búsqueda de «oro negro».

El poder federal se expandió a costa de los estados. El ejército introdujo el reclutamiento obligatorio de jóvenes en tiempos de paz. El Gobierno federal creó nuevos impuestos y adoptó el dólar como moneda nacional. Los tribunales federales ampliaron su jurisdicción sobre los estados. Se suele comentar que fue entonces, tras la Guerra Civil, cuando la expresión «los Estados Unidos son...» fue sustituida por «Estados Unidos es...».

El desajuste de la Proclamación de Emancipación con la Constitución se compuso con la aprobación de tres enmiendas constitucionales entre 1865 y 1870, aunque algunos estados del Sur tardaron muchas décadas en ratificarlas todas.

La Decimotercera Enmienda abolió legalmente la institución de la esclavitud. Sin embargo, mantuvo la servidumbre involuntaria como pena judicial, lo que en algunos estados permitió utilizar los trabajos forzados de los reclusos para construir carreteras y ferrocarriles y para recoger algodón. El trabajo forzado como pena, que puede haber contribuido al encarcelamiento masivo, ha permanecido en las constituciones de aproximadamente la mitad de los treinta y seis estados existentes en aquel momento hasta la década de 2020.

La Decimocuarta Enmienda estableció la igualdad de protección bajo las leyes. Y la Decimoquinta Enmienda aseguró el derecho de voto. Durante unos años, los hombres negros votaron en masa y ocuparon miles de cargos en ciudades, condados y asambleas estatales del Sur.

Sin embargo, el periodo de Reconstrucción no estuvo exento de obstáculos e inconvenientes. Tras el asesinato del Presidente Lincoln, el cargo pasó a su vicepresidente, Andrew Johnson, un demócrata sureño que se había opuesto a la primera elección de Lincoln y que mantenía posiciones equívocas con respecto a la esclavitud. Había sido elegido como candidato a vicepresidente para el segundo mandato de Lincoln en una nueva candidatura de Unión Nacional. Johnson, que acudió ebrio a su toma de posesión, emitió más vetos legislativos que cualquiera de sus predecesores y destituyó a funcionarios de alto rango que el Congreso había confirmado. Se convirtió en el primer presidente impugnado por la Cámara de Representantes, pero la minoría sureña del Senado bloqueó su destitución por un voto.

A continuación, el vencedor militar de la Guerra Civil, el general Grant, ocupó la Presidencia durante los dos mandatos siguientes. Sin embargo, el resultado de las elecciones presidenciales de 1876 puso fin a la Reconstrucción e inició un periodo de Restauración. El candidato demócrata del Sur, Samuel Tilden, sostuvo que había recibido más del 50 por ciento del voto popular en todo el país, aunque entre acusaciones de relleno de urnas y fraude en tres estados sureños. El candidato republicano, el general de división Rutherford Hayes, que se esperaba que sucediera a su colega, el general Grant, ganó el Colegio Electoral por una mayoría de un elector. Como los demócratas tenían mayoría en la Cámara de Representantes, negaron la legitimidad de la victoria de Hayes y forzaron una negociación. Cuatro meses después de las elecciones, los demócratas aceptaron ratificar al presidente republicano Hayes a cambio de la retirada de la ocupación militar del Sur y el fin de la Reconstrucción. En su discurso de investidura, casi doce años después del final de la Guerra Civil, Hayes declaró que «había llegado el momento de restablecer el autogobierno» de los estados del Sur.

Durante varios años más, las elecciones presidenciales continuaron registrando la mayor participación jamás alcanzada, se decidieron por los más estrechos márgenes y dieron lugar a una violencia política generalizada, incluidos otros dos asesinatos presidenciales. Los peores augurios parecían confirmarse. Entonces, a partir de la década de 1890, se consumó lo que el historiador Jon Grinspan ha llamado «un terrible intercambio». La segregación racial fue permutada por algunos servicios sociales. «La democracia quebró. O eso fue lo que creyeron muchos americanos».

Por un lado, los demócratas retomaron el control de las asambleas legislativas estatales y las ciudades del Sur y empezaron a introducir una serie de leyes y costumbres racistas, generalmente conocidas como «Jim Crow», por el nombre de la caricatura de un personaje negro en una comedia satírica. El Ku Klux Klan revivió y se dedicó a los linchamientos y el terrorismo, ayudado y excitado por la taquillera película *El nacimiento de una nación*. En muchos enclaves con un solo partido se introdujo la segregación racial en las escuelas, el transporte y las instalaciones públicas, así como en los aseos, los restaurantes y las fuentes de agua potable, bajo la proposición «separados pero iguales», que fue apoyada por el Tribunal Supremo. La segregación en el ejército se extendió a la Administración federal en Washington.

Al mismo tiempo, una amplia privación de derechos aplastó la participación electoral. Dieciocho estados introdujeron pruebas de alfabetización para el derecho de voto, dirigidas contra los negros, así como contra los nativos americanos, los mexicanos y los asiáticos, y siete estados ampliaron los requisitos de duración de la residencia, que eran especialmente restrictivos en un periodo de reciente inmigración masiva.

También se impusieron múltiples medidas contra los partidos minoritarios, como obstáculos al acceso a las papeletas de voto y a los medios de comunicación, denegación de subvenciones financieras previas a las elecciones y persecución de líderes radicales. Las maquinarias locales y estatales de los dos partidos más grandes protegieron a sus representantes contra los intrusos.

La media nacional de votos a otros partidos en las elecciones a la Cámara de Representantes bajó al 4 por ciento en la primera parte del siglo XX.

En contrapartida, los presidentes y legisladores progresistas empezaron a introducir reformas sociales como leyes sobre el trabajo infantil, regulaciones sobre la pureza de los alimentos, campañas de vacunación y otros servicios públicos, que algunos historiadores ven como una forma de hacer la vida más llevadera y la política más tranquila. Con el mismo espíritu, el New Deal de la década de 1930 ampliaría la asistencia pública y crearía un marco para un sistema nacional de seguridad social.

En general, las relaciones interraciales se deterioraron y la brecha Norte-Sur se amplió. Sin embargo, ninguno de los dos partidos principales, temerosos de reavivar un gran conflicto, quiso devolver estas cuestiones al centro de la agenda política.[7]

11

Miedo y cooperación en la Guerra Fría

Los mayores niveles de cooperación bipartidista e institucional en la política de Estados Unidos desde el periodo fundacional se alcanzaron a mediados del siglo XX, concretamente, durante los sesenta años desde la primera elección del Presidente Franklin Roosevelt con su propuesta de un New Deal en 1932 hasta la disolución de la Unión Soviética y el fin de la Guerra Fría en 1992. Las nuevas amenazas existenciales externas indujeron el miedo entre la población, un sentimiento de unidad nacional y el trabajo en equipo entre los políticos. Como en el periodo fundacional, los conflictos externos estuvieron acompañados por la paz interna.

Roosevelt ganó su primera elección con el telón de fondo de la Gran Depresión, que había conllevado un gran desplome de la bolsa, quiebras bancarias, un declive económico general y un masivo desempleo. El New Deal y las políticas relacionadas aumentaron la intervención económica del Gobierno federal, incluidas múltiples obras públicas en infraestructuras, regulaciones de la industria privada y los bancos, y transferencias sociales para pensiones y subsidios de desempleo.

La Presidencia se consagró como el centro de la autoridad. Principalmente a través de órdenes ejecutivas, el presidente creó decenas de nuevos programas y agencias, conocidos por sus siglas como AAA, CCC, CWA, NRA, PWA, TVA, WPA, etc. En su segundo discurso inaugural, en 1937, Roosevelt declaró: «Estamos creando un instrumento de poder inimaginado».

El Tribunal Supremo reaccionó suprimiendo varias agencias y programas inconstitucionales porque no eran producto de leyes del Congreso sino de «legislación ejecutiva». Roosevelt contraatacó intentando ampliar el Tribunal Supremo con cinco nuevos jueces; el intento fue detenido, pero consiguió sustituir a varios jueces tras su jubilación.

Sin embargo, a pesar del gran despliegue del Gobierno, la recuperación económica fue frágil, y al principio del segundo mandato de Roosevelt se produjo una nueva recesión. El ataque japonés a Pearl Harbor impulsó la unidad nacional. La Segunda Guerra Mundial contra el Eje formado por los nazis alemanes, los fascistas italianos y los militaristas japoneses, librada principalmente en Europa y el Pacífico, generó un nuevo impulso para ampliar el Gobierno federal y desarrollar el liderazgo presidencial. La victoria de los americanos, los británicos, los soviéticos y sus aliados en 1945 estableció un nuevo orden mundial con instituciones internacionales diseñadas y creadas principalmente en Washington. Confirmó a Estados Unidos como la mayor potencia del mundo.

Mucho más que las políticas intervencionistas del New Deal, el esfuerzo bélico cambió la estructura económica nacional y reforzó el papel del Gobierno federal. Este último, con más de dos millones de empleados, se convirtió en el mayor contratante del país. En 1940, el gasto federal fue por primera vez mayor que el de la suma de los gobiernos estatales y locales, una relación que ya nunca se invertiría.

Mientras doce millones de jóvenes se alistaban en el ejército, millones de mujeres se emplearon en trabajos fuera del hogar

en la retaguardia, lo que aumentó el número total de empleados en casi un 50 por ciento en diez años. La Casa Blanca también
requirió poderes especiales para movilizar a la industria privada
para la producción de armas, transporte y maquinaria militar, que
luego se convirtió en una fuente de gran innovación tecnológi-
ca para el sector privado.

Franklin Roosevelt se convirtió en el primer y único presidente estadounidense en ganar más de dos elecciones consecu-
tivas (en realidad fueron cuatro). Tal vez más que ningún otro
presidente, su mandato se ajustó al ideal de Alexander Hamilton
de un monarca elegido con poderes extraconstitucionales ad-
quiridos por «decisión, actividad, secreto y diligencia». Tal y
como lo caracterizaban los autores clásicos, este tipo de hiper-
presidencia fue una mezcla de fuerza y arbitrariedad.

La parálisis y la enfermedad terminal de Roosevelt, que se
habían ocultado al público e incluso a sus colaboradores más
cercanos, impidieron la ejecución de su cuarto mandato. Sin
embargo, la alarma ante la posibilidad de reelecciones indefini-
das, que la Constitución apoyaba, reavivó los temores al monarquismo y provocó una enmienda constitucional que limitó el
mandato presidencial a dos periodos.

El Miedo Rojo favoreció la gobernanza

Después de la Segunda Guerra Mundial, dos periodos de Guerra Fría entre Estados Unidos y la Unión Soviética facilitaron
la paz interna, los intercambios positivos entre los dos partidos
políticos americanos y la cooperación institucional.

El primer periodo de Guerra Fría, desde finales de la década de 1940 hasta la de 1950, abarcó el segundo mandato del

Presidente Harry Truman y los dos periodos presidenciales del general Dwight Eisenhower, vencedor militar de la Segunda Guerra Mundial. Las amenazas de un ataque nuclear por parte de la Unión Soviética, una invasión de las tropas soviéticas o una toma del poder por los comunistas a escala nacional dieron a los gobernantes de Estados Unidos y de otros países occidentales democráticos un amplio margen de maniobra para la toma de decisiones, no solo en materia de política exterior, sino también de política interior. La amenaza externa indujo el miedo de la población, el apoyo al *statu quo*, actitudes de aversión al cambio y la confianza o incluso la reverencia hacia los gobernantes en ejercicio.

La Guerra Fría se inició con un telegrama del embajador estadounidense George Kennan desde Moscú al Departamento de Estado en el que evaluaba que «a largo plazo no puede haber una coexistencia pacífica permanente» y respaldaba una política de «contención» de la expansión soviética. La posterior carrera armamentística entre las dos grandes potencias condujo a la acumulación de varios miles de cabezas nucleares para ser lanzadas desde bombarderos aéreos, misiles balísticos o submarinos, capaces de destruir varias veces todo el planeta. El Presidente Eisenhower consiguió que se aprobara un programa de red de carreteras subrayando que las autopistas interestatales podrían permitir el traslado de tropas y misiles nucleares por todo el país si Estados Unidos era invadido.

Muy al principio del proceso, el presidente del Comité de Relaciones Exteriores del Senado, Arthur Vandenberg, aconsejó al Presidente Truman que, para obtener el apoyo adecuado para la nueva y costosa carrera armamentística, necesitaría «asustar mucho al pueblo americano». Varios libros han etiquetado los años de la Guerra Fría como la «Edad del Miedo», la «Década del Miedo», la «Década de Pesadilla», la «Política del Miedo», la «Edad de la Sospecha», los «Hechizados Años Cincuenta» y designaciones similares.

La mayoría de la población de Estados Unidos temía la amenaza extranjera y agradecía la protección del Gobierno. Durante muchos años hubo una «obsesión por la seguridad», junto con «un miedo nacional obsesivo a la subversión», en palabras del historiador Athan Theoharis. El Gobierno federal instaló refugios antinucleares en grandes edificios de las ciudades que eran fácilmente identificables con señales públicas. También animó a la población civil a construir refugios familiares en los sótanos o los patios de sus casas.

La radio y la televisión fueron vehículos para el alarmismo. «Agáchate y cúbrete» se convirtió en un eslogan popular. Al oír las sirenas de ataque aéreo, los escolares se tiraban al suelo, se agachaban bajo los pupitres y se cubrían el cuello con las manos juntas como preparación para un inevitable ataque nuclear. La práctica se extendió a los adultos en lugares de trabajo, oficinas y hogares. «No hay que hacer nada más que esperar las órdenes de las autoridades y relajarse», advertían los mensajes del Gobierno.

Muchos ciudadanos desarrollaron un sentimiento de unidad, de amor a los valores patrióticos y de orgullo por el modo de vida americano. Confiaban en los gobernantes, que aparecían como sus protectores y proveedores de seguridad. Desafiar al Gobierno en medio de una guerra habría sido considerado una traición. Al mismo tiempo, los funcionarios gobernantes pudieron guardar secretos de Estado, sus actuaciones en otras políticas públicas no fueron evaluadas seriamente, gozaron de una discreta privacidad frente a los medios de comunicación y obtuvieron el apoyo y la devoción del público.

El segundo periodo de Guerra Fría se extendió durante los últimos años de la década de 1970 y la de 1980. El Presidente Jimmy Carter hizo campaña a favor de los derechos humanos en la Unión Soviética mediante la hostilidad moral y el boicot. El Presidente Ronald Reagan calificó a la Unión Soviética como el «imperio del mal» y lanzó una nueva política de confrontación y escalada armamentística. Estados Unidos puso en marcha un nuevo plan para un sistema de misiles con base en el espacio llamado Iniciativa de Defensa Estratégica. También se estacionaron misiles de crucero americanos en Europa Occidental para contrarrestar los misiles soviéticos. Como se reveló años después, los soviéticos reaccionaron cargando bombas nucleares en los aviones y poniéndolos en alerta inmediata.

El alarmismo entre los ciudadanos americanos volvió a centrarse en el peligro inminente de una guerra nuclear. La película *El día después* mostró los horribles efectos de ese hipotético acontecimiento. Su audiencia se estimó en más de cien millones de personas en una sola noche de noviembre de 1983, cuatro días antes del día de Acción de Gracias. Se convirtió en la película de televisión más vista de la historia de Estados Unidos (desbancando a la emisión en horario de máxima audiencia de *Lo que el viento se llevó* unos años antes).

La historia ficticia se narraba desde el punto de vista de los habitantes de una pequeña ciudad de Kansas, sede real de bases militares, que era destruida por un ataque nuclear soviético, con nube de hongo incluida. El país entraba en modo pánico ante la espantosa carnicería, que también incluía muertes por radiación durante los días posteriores al bombardeo. La película terminaba con una advertencia: «Los acontecimientos catastróficos que acaban de presenciar son, con toda probabilidad, menos graves que la destrucción que se produciría realmente en caso de un ataque nuclear completo contra Estados Unidos».[1]

De manera constante, se instó a los ciudadanos a no participar en la política interna. El Presidente Reagan proclamó en su discurso inaugural: «El Gobierno no es la solución a nuestro problema; el Gobierno es el problema». Era la época en que, por el contrario, «la codicia era buena».

CONSENSO SOCIAL Y DESMOVILIZACIÓN POLÍTICA

Durante la mayor parte del periodo posterior a la Segunda Guerra Mundial hubo prosperidad económica interna y temor a un enemigo externo. Eran los mejores tiempos para perseguir intereses privados y los peores tiempos para el compromiso político.

Por un lado, la década de 1950 fue la época de los automóviles, la televisión, los electrodomésticos, el cine rosa de Hollywood, el rock and roll, los supermercados, la Coca-Cola, los cigarrillos y el traslado de familias patriarcales a los suburbios, con todo el mundo mirando.

Por otro lado, los años de la posguerra fueron el comienzo de un largo periodo con una agenda pública reducida, consenso político sobre los principales temas de la economía y la Guerra Fría, convergencia bipartidista y compromisos institucionales. Se combinaron con una baja participación electoral, amplias victorias electorales y una difusa apatía política.

El mundo académico identificó y reflejó el estado de ánimo general. Una de las primeras encuestas y análisis de las motivaciones de los votantes americanos después de la Segunda Guerra Mundial reveló un amplio consenso sobre cuestiones fundamentales. Como resumieron los sociólogos Bernard Berelson, Paul Lazarsfeld y William McPhee, había «un acuerdo general entre los votantes de ambos partidos sobre cuáles eran los temas principales y las posiciones sobre esos temas, especialmente la política exterior, los acontecimientos importantes como la guerra y la depresión, así como las reglas del juego democrático».

Otros estudiosos elogiaron el consenso social y la estrechez de las agendas públicas. Seymour Lipset fue la única persona que llegó a presidir tanto la Asociación Americana de Ciencia Política como la Asociación Americana de Sociología. En su opinión, una democracia estable podía basarse en «la creencia general de que el resultado de unas elecciones no comportará una diferencia demasiado grande en la sociedad». Lipset sostuvo que «la creencia de que un nivel de participación muy alto es siempre bueno para la democracia no es válida», y elogió la apatía política.[2]

Una expresión política de consenso social fue la difusión del voto dividido. Los votantes no solo favorecían a los candidatos del partido que no ocupaba la Presidencia en las elecciones legislativas de mitad de mandato. Muchos ciudadanos también votaban a diferentes partidos para distintos cargos en la misma elección. Fue como un resurgimiento del comportamiento electoral en las colonias originales y los primeros estados, cuando la gente votaba por candidatos individuales sin afiliación partidista, antes de que el voto en bloque por la «papeleta general» se hiciera más popular.[3]

Entre 1900 y 1940, solo una décima parte de los distritos electorales eligieron a candidatos de distintos partidos a la Presidencia y a la Cámara de Representantes. En cambio, desde la década de 1950 hasta finales de la de 1980, se calcula que entre un tercio y la mitad de los distritos electorales eligieron a ganadores de diferentes partidos, especialmente en el Sur, donde la elección de un candidato republicano para la Presidencia y un demócrata para la Cámara era muy popular. Por ejemplo, en 1972, los ganadores para la Presidencia y la Cámara eran de partidos diferentes en ciento noventa y tres o el 44 por ciento de todos los distritos electorales de la Cámara, una división que en 1988 afectó a ciento cuarenta y cinco o el 33 por ciento de todos los distritos.[4] El voto dividido se convirtió en una invitación a la cooperación bipartidista.

Este tipo de elecciones que no daban lugar a una victoria partidista con fuertes consecuencias atraían una baja participación electoral. La participación media en las elecciones presidenciales en el periodo 1932-1988 fue del 56 por ciento, un descenso de más de veinte puntos porcentuales en relación con las altas participaciones de la segunda mitad del siglo xix. Al final del periodo, en las elecciones presidenciales de 1988, apenas la mitad de la población en edad de votar acudió a las urnas. En la mayoría de las elecciones intermedias al Congreso, estatales y locales, solo participó una tercera o una cuarta parte de los potenciales votantes.

Las reglas institucionales pueden ayudar a explicar una baja participación durante un cierto periodo. Algunos estados del Sur todavía aplicaban pruebas de impuestos y de alfabetización hasta la década de 1960, y el registro y el voto voluntarios eran acciones relativamente costosas en la mayoría de los estados debido al escaso número de oficinas de registro y colegios electorales y otros obstáculos logísticos.

Pero el aumento de la abstención electoral fue, en gran parte, una consecuencia del consenso político de la Guerra Fría que hemos comentado anteriormente. En tanto que la agenda pública y las campañas electorales se limitaban a los temas principales de la acción económica y la política exterior, sobre los que los dos partidos mantenían posiciones similares, muchos votantes no esperaban beneficios significativamente diferentes de la victoria de uno u otro partido, o muy pocos en cualquier caso, y optaban por no votar. Algunas encuestas sugieren que, si los abstencionistas hubieran votado, los ganadores de las elecciones habrían sido los mismos.

Ganadores por mayoría y estabilidad política

El amplio consenso político tiende a asociarse con un apoyo mayoritario a los ganadores electorales y con las victorias por goleada, como ya hemos comentado. El ganador presidencial recibió una mayoría absoluta del voto popular en doce de las quince elecciones del periodo 1932-1988, lo que supone una proporción mucho mayor que en los periodos anterior y posterior. El margen medio de victoria de los diez presidentes elegidos fue de doce puntos porcentuales, también mucho más alto que en los otros periodos (cuando fue de siete y cuatro puntos, respectivamente). La mitad de los presidentes, Franklin Roosevelt, Dwight Eisenhower, Lyndon Johnson, Richard Nixon en su reelección y Ronald Reagan, ganaron por márgenes de entre quince y veinticinco puntos porcentuales y en entre cuarenta y cuarenta y nueve estados en el Colegio Electoral.

En gran parte como resultado del voto dividido, el partido del presidente no tuvo la mayoría de los escaños en al menos una de las cámaras del Congreso, es decir, la situación del llamado «gobierno dividido», durante casi la mitad del tiempo (46 por ciento, un promedio más alto que en periodos anteriores). Sin embargo, a pesar del gobierno dividido, los partidos cooperaron.

La cooperación bipartidista e interinstitucional fue el resultado de una estrecha agenda de asuntos públicos centrada en la economía y la política exterior de la Guerra Fría. Como observó el politólogo Mark Peterson: «La confrontación profunda entre [el presidente republicano] Eisenhower y la mayoría [demócrata] del Congreso se evitó en general en virtud de que el presidente quería poco del Congreso y exigía aún menos».[5]

A lo largo del periodo hubo muchas decisiones relevantes en política exterior, además de las guerras. Entre ellas, la ayuda de Estados Unidos a Grecia y Turquía contra insurgencias comunistas; el Plan Marshall para la reconstrucción de Europa Occidental después de la guerra; la creación de la OTAN; las regulaciones de la producción de Defensa y los impuestos de guerra; la fundación de la NASA (que también trataba de competir con los soviéticos por la conquista del espacio); los tratados para reducir las armas nucleares y otras armas; la apertura diplomática a China; la disuasión de los soviéticos, y la gestión de la disolución de la Unión Soviética sin grandes daños internacionales.

En cambio, muchas iniciativas en materia de política social interna fueron desatendidas o cayeron en el olvido. Después de la Segunda Guerra Mundial, los únicos logros en este campo fueron una ley de relaciones laborales, otra de inmigración y una ampliación del seguro de desempleo. Entre los intentos fallidos figuran la creación de una agencia de protección del consumidor, la regulación de la vivienda, la seguridad social, el seguro nacional de salud, la contención de los costes hospitalarios, las guarderías, el seguro médico para los desempleados, las ayudas federales a la educación, los créditos fiscales para estudiar y el permiso parental remunerado.

Los republicanos y los demócratas conservadores del Sur formaron mayorías de bloqueo contra los presidentes demócratas, pero los demócratas del Norte y los republicanos liberales también pudieron votar juntos. Como la mayoría de los votantes no estaban polarizados ideológicamente, muchos representantes en el Congreso desarrollaron el llamado «voto personal» en lugar del voto partidista. Alcanzaron compromisos gracias al intercambio de votos sobre diferentes temas centrados en proyectos de su distrito electoral y a la atención personal a los electores y sus problemas, y a menudo cruzaron las líneas de partido. En el ámbito académico esto se conoce como *logrolling*, que puede traducirse como «compraventa» o «tú me rascas mi espalda y yo te rasco la tuya». La abundancia de «unte», o decisiones redistributivas a favor de diferentes territorios, fue lo que hizo decir al presidente de la Cámara O'Neill que toda la política es local, como se mencionó en el capítulo 1.

Durante el periodo 1953-1993, muchas iniciativas presidenciales recibieron el apoyo consensuado de más del 80 por ciento de los miembros del Congreso. Las iniciativas que implicaban algún grado de desacuerdo recibieron, por término medio, el apoyo de un tercio de los miembros del partido de la oposición. Las proporciones fueron muy similares en las dos cámaras del Congreso, y no hubo diferencias significativas para los presidentes republicanos o demócratas, según las cifras facilitadas por los politólogos George Edwards y Stephen Wayne.[6]

Se ha elogiado mucho el «compromiso, la química, el liderazgo y la visión» de los miembros del Congreso que crearon o respaldaron el consenso político y alcanzaron acuerdos entre partidos. Algunos han alabado las normas de cortesía, reciprocidad, trabajo legislativo, especialización, aprendizaje y patriotismo institucional como si fueran los principales factores de los resultados acordados.

En realidad, los legisladores —más que la oficina del presidente— negociaban bajo normas del Congreso que dificultaban los desacuerdos. Durante la mayor parte del periodo, la mayor parte de la legislación se cocinaba en comités cuyos miembros eran «monopolistas de la agenda; operaban bajo reglas cerradas que prohibían a otros miembros de la cámara proponer enmiendas», como explican los politólogos Eric Uslaner y Thomas Zitt. La selección de los presidentes de las comisiones parlamentarias por antigüedad daba ventaja a los demócratas del Sur con reelecciones seguras, los cuales solían bloquear la agenda de los liberales tanto en la Cámara como en el Senado. Además, muchas decisiones se tomaban en el último momento o después, bajo la amenaza del caos financiero del Gobierno si no se aprobaban los presupuestos. Hubo, ciertamente, escenas melodramáticas de retrasos, suspense y postureo. Las limitaciones del Congreso que acabamos de mencionar redujeron las obstrucciones innecesarias y generaron buenos sentimientos entre los legisladores.[7]

UN PRECURSOR PARÉNTESIS

Entre los dos periodos de Guerra Fría exterior y paz interior, un periodo intermedio que se extendió durante los años sesenta y principios de los setenta esbozó un escenario alternativo: paz internacional y agitación interna.

A principios de la década de 1960, el Presidente de Estados Unidos John Kennedy y el Primer Ministro soviético Nikita Jrushchov acordaron una tregua internacional y una política de «coexistencia pacífica». Las dos superpotencias celebraron varias rondas de conversaciones y lograron un tratado sobre misiles antibalísticos, un acuerdo para limitar las armas estratégicas ofensivas y un tratado multilateral de no proliferación de armas nucleares que acabaría siendo firmado por ciento noventa países y renovado indefinidamente.

Durante este periodo el ambiente interno no fue de paz, sino de caos. Fue la época de los movimientos por los derechos civiles de los afroamericanos, las protestas contra la guerra de Vietnam, las revueltas estudiantiles, el feminismo de segunda ola y otras «guerras» culturales. La prensa desveló secretos militares y artimañas de los políticos. Privados de mejores coberturas, el Presidente Johnson trató de inventar una «guerra contra la pobreza» y el Presidente Nixon, una «guerra contra las drogas». El desbarajuste político se expandió y solo preludió el desorden general que estallaría tras la desaparición de la amenaza soviética y el fin de la Guerra Fría.

El agitado interludio culminó con el proceso para la destitución del Presidente Nixon. Sin embargo, fue notable que, en contraste con procesos anteriores y futuros de este tipo, la cooperación bipartidista hiciera que senadores del propio partido del presidente se unieran a los demócratas para declarar las acciones de Nixon como un delito y obligarle a dimitir sin necesidad de votar. Fue la decisión con más amplio consenso bipartidista desde la Segunda Guerra Mundial.

AGENDAS PÚBLICAS ESTRECHAS

La ilusión del éxito legislativo durante la mayor parte del periodo posterior a la Segunda Guerra Mundial se basó en gran medida en la promoción de muy pocas leyes y la exclusión de otras que habrían sido controvertidas. Durante esos cuarenta y tres años, la media de producción legislativa del Congreso fue

de unas seis leyes al año, tanto en los periodos de gobierno unificado como en los de gobierno dividido, una cifra que no es
muy impresionante. La evaluación del supuesto éxito no tuvo
en cuenta la cantidad de leyes intentadas y fracasadas. En realidad, junto con 276 leyes aprobadas, hubo 519 proyectos de ley
fracasados, de los cuales hemos mencionado algunos relacionados
con cuestiones sociales. Esto implica que solo el 35 por ciento
de los proyectos se convirtieron en leyes. Como lo resume
Charles Shipan:

> El número de temas en el periodo posterior a la Segunda
> Guerra Mundial comienza cerca de la media [de todo el perio-
> do], para luego descender drásticamente durante la década de
> 1950. A partir de mediados de la década de 1960, se produce un
> aumento del número de temas en la agenda. Los cinco años con
> mayor número de temas en el orden del día se sitúan entre 1965
> y 1976. Tras este periodo, el número de temas vuelve a descen-
> der durante el resto del periodo [hasta 1992].[8]

Cabe observar que el breve periodo intermedio 1965-1976,
con muchos temas, muchas iniciativas legislativas de la oposición
y muchos vetos presidenciales, corresponde a un periodo de
coexistencia pacífica internacional que, como hemos señalado
repetidamente, fue una época de agitación interna. El activismo
de los años sesenta y principios de los setenta fue una suerte de
ensayo. El periodo que siguió a la Guerra Fría sería de renovado
activismo, menos consenso y cooperación bipartidista, más disciplina de partido y más confrontación partidista e institucional.

12

La agitación en curso

Fue casi un acto reflejo. Pocos meses después de la disolución de la Unión Soviética, el demócrata Bill Clinton ganó las elecciones presidenciales respaldado por uno de los menores porcentajes de votos populares de la historia. De inmediato los republicanos empezaron a sustituir la polarización externa por la interna. La desaparición de una amenaza existencial exterior alimentó la fiebre de muchos políticos americanos por pelearse entre ellos.

No es que se invocara directamente la paz externa para centrarse en las luchas internas, sino que algunos sintieron que se habían quitado una pesada carga de encima y que podían ampliar el ámbito de sus ocupaciones con cuestiones locales no resueltas. Como el riesgo mortal ahora era ínfimo, parecía que no había límites para la confrontación interna. El «dividendo de la paz» que aparecía como una fuente potencial de progreso interno condujo, en cambio, al caos. Con un poco de exageración, se podría decir que con el paso de los años la Guerra Fría internacional fue sustituida por una guerra fría interna.

En la escena exterior, el Presidente Clinton apoyó la legitimidad democrática de la nueva Federación Rusa postsoviética. Por iniciativa suya, Rusia fue aceptada como miembro del club de las democracias desarrolladas, el Grupo de los Siete, que fue ampliado temporalmente al Grupo de los Ocho. Las décadas posteriores a la Guerra Fría fueron el periodo de paz más largo en más de cien años. No existía ningún riesgo perceptible de una nueva guerra mundial y, sin el aliento y el apoyo soviético y americano a los distintos bandos, el número de guerras interestatales y de víctimas mortales de conflictos violentos alcanzó un mínimo histórico.

Mientras tanto, en la escena interior, los republicanos empezaron a bloquear la propuesta de los demócratas de Clinton de aceptar a los homosexuales solteros en el ejército y un ambicioso plan de sanidad pública patrocinado por la esposa del presidente. Solo el Tratado de Libre Comercio de América del Norte, con Canadá y México, que había sido preparado en parte por las anteriores administraciones republicanas, fue aprobado con el apoyo de la mayoría de los congresistas republicanos y una minoría de los demócratas.

En las elecciones de mitad de mandato, los republicanos ganaron la mayoría de los escaños en ambas cámaras del Congreso por primera vez en cuarenta años, y a partir de entonces boicotearon prácticamente cualquier nueva iniciativa legislativa de los demócratas. En cierto momento, el Presidente Clinton trató de aplacar la agitación cambiando a posiciones «centristas», lo que se presentó como una «triangulación». Prometió ser «duro con la delincuencia», decidió «acabar con los subsidios al desempleo tal y como los conocemos», apoyó una ley en «defensa del matrimonio» heterosexual y firmó una desregulación desastrosa del sistema bancario... Fue en vano. A pesar de sus esfuerzos por apaciguar a los republicanos, estos le impugnaron por mentir sobre sus devaneos sexuales.

Sin la amenaza de una guerra nuclear, el público perdió el miedo. Hubo una nueva apertura a la indiscreción y la transgresión. El nuevo ambiente político se convirtió en lo opuesto al periodo anterior: desconfianza generalizada en el Gobierno, estrecho escrutinio de prácticas corruptas, filtraciones de planes y mensajes confidenciales, frecuentes escándalos sobre los negocios o asuntos privados de los políticos, y fuertes llamamientos a una mayor transparencia y responsabilidad.

Asediado por todos los flancos, Clinton confesó: «Hubiera preferido ser presidente durante la Segunda Guerra Mundial» y «envidiaba que Kennedy tuviera un enemigo».[1]

Su sucesor, George W. Bush, disfrutó de un momento de unidad nacional tras los atentados del 11 de septiembre de 2001. Entonces trató de dirigir la atención pública hacia un nuevo enemigo, declarando la Guerra Global contra el Terrorismo. Primero, hizo que el Congreso aprobara una resolución de apoyo al envío de tropas para perseguir a Al Qaeda en Afganistán. Unos meses después, pidió al Congreso autorización para luchar contra el «eje del mal» formado por Irán, Irak y Corea del Norte, una expresión que evocaba el «Eje» de Alemania, Italia y Japón en la Segunda Guerra Mundial. Bush hizo más explícita la analogía con la extravagante afirmación de que Al Qaeda «seguía el camino del fascismo, el nazismo y el totalitarismo». El descabellado plan adicional de construcción de estados nacionales y democratización en Oriente Medio a punta de pistola fracasó y fue seguido por una serie de reveses militares, como se explicó en un capítulo anterior.

El Presidente Barack Obama intentó un proceso de desintoxicación gradual de las guerras, como si el complejo militar-industrial y la burbuja de expertos en política exterior de Washington no pudieran permitirse un *shock* de abstinencia repentina. Al detenerse a mitad de camino, no obtuvo beneficios políticos ni de guerras serias ni de una paz consolidada.

El declive de la Presidencia alcanzó su nadir con Donald J. Trump. Sin mucho cálculo ni reflexión, devolvió a casa a la mayoría de las tropas enredadas en los conflictos de Oriente Medio, y retiró temporalmente a Estados Unidos de la Organización Mundial de la Salud, la Asociación Transpacífica, el Acuerdo Climático de París, la Unesco y otros organismos de Naciones Unidas. Irónicamente, al evitar cualquier compromiso exterior que pudiera haber unificado a la opinión pública en torno a la Presidencia o al menos distraer la atención de la gente, Trump facilitó indirectamente la diversificación e intensificación de la agenda política con múltiples asuntos pendientes en el ámbito interno que estaban abiertos a la confrontación.

Agendas sobrecargadas

El tamaño del Gobierno ha aumentado notablemente en el siglo XXI, medido por la proporción del gasto público federal sobre el producto interior bruto (PIB) del país. Con ligeros altibajos, el gasto federal se mantuvo en torno al 20 por ciento del PIB durante la mayor parte de la Guerra Fría. Inmediatamente después disminuyó un poco debido a la reducción del gasto militar. Sin embargo, las nuevas guerras y, sobre todo, las intervenciones gubernamentales para ayudar a la economía a recuperarse de la Gran Recesión, a partir de 2008, elevaron el nivel de gasto federal a cerca del 25 por ciento del PIB. La lucha contra la pandemia del coronavirus y sus consecuencias económicas desde 2020 lo aumentaron a cerca del 30 por ciento. Junto con los gobiernos estatales y locales, el gasto público total de Estados Unidos se acercó al 50 por ciento del PIB, un nivel similar al de la media de los países europeos por primera vez en muchas décadas.

El crecimiento de la tarta corrió parejo a un aumento de la controversia y las hostilidades sobre cómo repartirla: en qué temas se gastaba y su distribución territorial. La agenda pública se hizo más densa, más amplia y más controvertida y contenciosa.

La competición electoral se ha centrado en cuestiones no resueltas en las que puede prosperar la polarización. Las cuestiones relacionadas con las crisis y las recuperaciones económicas fueron especialmente exigentes durante la Gran Recesión y la pandemia de la COVID-19. Las intervenciones gubernamentales incluyeron estímulos, impuestos, regulaciones e infraestructuras sobre tecnología, transporte, comunicaciones, energía, agricultura o finanzas. Al mismo tiempo, en correlación con el aumento de la diversidad del país, surgieron controversias en torno a las políticas de bienestar social, inmigración, raza, religión, género, sexo, familia, educación, sanidad, control de armas y derecho al voto. Se desarrollaron movimientos sociales alternativos, como Occupy Wall Street, #MeToo, Black Lives Matter, así como el Tea Party, grupos de milicias y campañas antivacunas. También han abundado los conflictos entre el Gobierno federal y los gobiernos estatales.

La ampliación de la agenda «desempeñó un papel fundamental en la polarización partidista que impregna el Congreso [...]. La polarización partidista se debe en gran parte a la gran expansión del alcance del Gobierno», según han estudiado los politólogos B. Jones, S. Theriault y M. Whyman.[2]

En las páginas siguientes se revisa el auge de la polarización a tres niveles del proceso político: los votos de los ciudadanos, la parálisis legislativa y el bloqueo ejecutivo.

ELECCIONES AJUSTADAS Y GANADORES MINORITARIOS

La era posterior a la Guerra Fría fue de creciente movilización electoral. La participación en las elecciones presidenciales ha aumentado en promedio más de diez puntos porcentuales con respecto al periodo anterior. En 2020, la participación del 67 por ciento fue la más alta en más de cien años.

El sistema de primarias y convenciones de los partidos reforzó el partidismo duro. Como ya comentamos, a pesar del gran tamaño y la diversidad del país como potencial para múltiples partidos, el sistema electoral restrictivo y las elecciones presidenciales recomiendan encarecidamente simplificar la oferta política a solo dos candidatos para cada cargo. El uso generalizado de las elecciones primarias partidistas desde la década de 1970 fue concebido como un mecanismo para lograr esa simplificación.

El mecanismo de las primarias es un sustituto de la formación de múltiples partidos. En la mayor parte de Europa y otras democracias, múltiples partidos negocian la formación de una coalición mayoritaria para apoyar a un candidato a jefe de Gobierno tras las elecciones. En los sistemas parlamentarios europeos con múltiples partidos, el lío viene después de las elecciones; a veces, la formación de una coalición en el Parlamento para la elección de un primer ministro lleva meses. En Estados Unidos, el lío se produce antes de las elecciones; el proceso de simplificación del entorno pluralista a solo dos candidatos presidenciales principales comienza más de un año antes de la jornada electoral. Estas experiencias alternativas confirman que, en ausencia de un monarca tradicional, la simplificación de una sociedad compleja a un único líder ejecutivo es siempre un reto.

El principal inconveniente del sistema de primarias partidistas es que puede dar lugar a la designación de un candidato demagogo, extremo o no cualificado que podría ser rechazado por la mayoría de los votantes. La participación en las primarias presidenciales ha aumentado hasta casi el 50 por ciento de los votantes del partido en las elecciones generales desde la década de 2010. Esta alta participación en las primarias podría ayudar a seleccionar un candidato que la mayoría de los votantes del partido quisieran apoyar en las elecciones generales. Pero el número de candidatos a las primarias dentro de cada partido también ha aumentado, hasta dos dígitos en las últimas temporadas, lo que ha reducido el apoyo al ganador. En 2016, Donald Trump fue votado en las primarias por solo el 22 por ciento de sus votantes en las elecciones generales; Hillary Clinton, por solo el 26 por ciento y, en 2020, Joe Biden por solo el 23 por ciento.

Como resultado de las competitivas primarias presidenciales, los dos principales partidos han sufrido graves divisiones internas. El Partido Republicano quedó trinchado por la candidatura de Donald Trump. Dentro del Partido Demócrata también se han desarrollado facciones, especialmente con la organización por separado de los Socialistas Demócratas. Las convenciones de partido confirman el resultado de las primarias y tratan de inducir disciplina partidista en torno al candidato seleccionado. Sin embargo, esto suele dar lugar a confusos compromisos verbales sobre las políticas públicas. Como caso extremo, la Convención Nacional Republicana de 2020 no adoptó un nuevo programa; todo giraba en torno a Trump.

En contraste con el periodo de la Guerra Fría, cuando el voto dividido estaba muy extendido, los votantes americanos se han «clasificado mejor» en los dos partidos, como dice el politólogo Morris Fiorina, y votan masivamente en bloque por un conjunto de candidatos del mismo partido para múltiples cargos. La proporción de votantes que eligen al mismo partido para la Cámara de Representantes y la Presidencia era aún tan baja como el 65 por ciento en 1990, pero aumentó al 97 por ciento en 2018, según datos de American National Election Studies analizados por los politólogos Alan Abramowitz y Steven Webster. Del mismo modo, la proporción de votantes que eligen el mismo partido en las elecciones de ámbito estatal para senador y para electores presidenciales era todavía del 71 por ciento en 2008, pero llegó al 95 por ciento en 2020, según el analista de datos David Shor.[3]

Una de las consecuencias más relevantes del voto en bloque es que la competencia electoral se ha concentrado en unos pocos territorios con características socioeconómicas y culturales críticas. Unos pocos estados se han convertido en campos de batalla de duras contiendas partidistas con resultados inciertos.

Si la participación popular aumenta, el partidismo se hace más compacto y el pluralismo político potencial del país no está bien articulado por el sistema de partidos, reaparecen las terceras y cuartas candidaturas. Estas fueron indirectamente decisivas para producir un ganador al dividir el apoyo partidista en al menos cuatro de las primeras ocho elecciones presidenciales después de la Guerra Fría. El independiente Ross Perot dividió a los votantes republicanos en dos ocasiones, en 1992 y 1996, y las dos veces produjo un ganador demócrata con una minoría de votos populares. A la inversa, Ralph Nader, del Partido Verde, dividió a los votantes demócratas en 2000 y produjo un ganador republicano con una minoría de votos populares. También los verdes y otras candidaturas absorbieron a potenciales votantes demócratas en 2016 y ayudaron a que un candidato republicano ganara con una minoría de votos populares.

El margen de votos populares entre los dos candidatos más votados en esas ocho elecciones presidenciales fue de menos de un 4 por ciento, mucho más bajo que en cualquier otro periodo anterior. Como se ha mencionado, solo uno de los cinco primeros presidentes, Barack Obama, fue elegido dos veces con una mayoría de votos populares.

BLOQUEO LEGISLATIVO

Varias características electorales e institucionales contribuyen a la polarización. Durante la posguerra, la división del voto entre candidatos de varios partidos era una invitación a la cooperación bipartidista. En el periodo más reciente, los votos en bloque a un partido han sido una invitación a la confrontación.

La mayoría de los presidentes se han enfrentado a largos periodos de gobierno dividido con el Congreso que, a diferencia del periodo anterior, son el resultado de la abstención y el cambio de votos en bloque contra los titulares en las elecciones de mitad de mandato, especialmente por un número creciente de votantes independientes. Este comportamiento generalizado refleja una amplia desconfianza en los gobernantes y un descontento político permanente.

Una vez en el Congreso, y en contraste con la anterior fórmula de selección de la mayoría de los presidentes de las comisiones del Congreso por antigüedad, los partidos han aumentado su control sobre la selección del presidente de la Cámara y la composición de las comisiones y subcomisiones. En contraste con el «voto personal» de los representantes en la década de 1950, la disciplina de partido ha aumentado, lo que produce más confrontación.

La última gran ley social con un amplio apoyo bipartidista se aprobó en 2002: la ley de educación conocida como «Que ningún niño se quede atrás». La última confirmación unánime de un juez del Tribunal Supremo en el Senado se produjo en 1988. Durante la Guerra Fría se aprobaron seis enmiendas constitucionales, iniciadas por dos tercios del Congreso y ratificadas por tres quintos de los estados, pero no se ha aprobado ninguna después. El Congreso se ha convertido menos en una institución para el desarrollo de nuevas políticas y más en un foro para la tribuna.

El filibusterismo se ha utilizado cada vez más para bloquear el debate sobre la legislación y las nominaciones en el Senado. A mediados del siglo XX, el senador filibustero se ponía de pie en la cámara del Senado y hablaba y hablaba durante horas y horas para bloquear un proyecto de ley, a menos que una supermayoría de sus colegas decidiera detener el espectáculo (como se mostró espectacularmente en la película *Mr. Smith Goes to Washington*, extrañamente traducida como *Caballero sin espada*). En algunos casos reales, unos cuantos oradores se turnaban y mantenían el monopolio de la palabra durante más de tres días, hasta el punto de que se instalaban catres y camas en las salas y los pasillos del Senado. Dados los elevados costes personales de tales acciones, durante los primeros cincuenta años solo se produjeron diez obstrucciones por filibusterismo, incluidas las más vergonzosas opuestas a los proyectos de ley contra el linchamiento y la segregación.

Sin embargo, desde 1970 se ha aceptado un filibusterismo no verbal, «silencioso» o «invisible», por el que cualquier senador puede limitarse a presentar una moción que requiera una supermayoría para proceder a la votación. El jefe de la mayoría demócrata del Senado, Richard Durbin, lo describió así: «Se ha visto a gente que empieza a hacer filibusterismo, se va a casa para asistir a una boda, se toma el fin de semana libre y vuelve el lunes».

En la década de 1980, el número de bloqueos silenciosos con éxito ascendió a seis al año de media. Desde la primera legislatura tras el final de la Guerra Fría, iniciada en 1993, con las mismas reglas, pero con una polarización mucho mayor, el promedio de invocaciones de bloqueo ha ascendido a treinta y cinco al año.[4]

CIERRES DE GOBIERNO Y DESTITUCIONES PRESIDENCIALES

Debido al filibusterismo y a otras formas de confrontación, los dos partidos del Congreso han sido cada vez menos capaces de llegar a un acuerdo sobre el presupuesto del Gobierno para su siguiente año fiscal antes del fin del periodo legislativo anual. Una resolución de 1980 impide que el Gobierno pueda utilizar fondos públicos que no estén respaldados por un presupuesto. Cuando se produce este «lapso de apropiaciones», algunas agencias gubernamentales suspenden sus actividades y servicios, los parques e instituciones nacionales cierran, y cientos de miles de empleados del Gobierno son despedidos y enviados a casa, e incluso se les prohíbe revisar su correo electrónico.

Los cierres del Gobierno han tenido lugar durante el mandato de seis de los últimos siete presidentes, tanto demócratas como republicanos. Los primeros se prolongaron solo unas horas o días, pero su duración fue aumentando. El primero de los largos ocurrió en 1995-1996 y duró tres semanas. Un segundo cierre importante duró dos semanas en 2013. Y el más largo, que se prolongó cinco semanas, tuvo lugar en 2018-2019. El presidente republicano de la Cámara de Representantes que primero promovió y luego saludó estas crisis, Newt Gingrich, declaró, en retrospectiva, haber encontrado las experiencias «irritantes, complicadas y frustrantes».[5]

El antagonismo entre los dos partidos ha aumentado hasta el punto de negar la legitimidad de los presidentes elegidos, ya sean los demócratas Clinton, Obama y Biden por muchos republicanos, o los republicanos Bush y Trump por muchos demócratas. Como se mencionó al principio de este capítulo, el periodo posterior a la Guerra Fría alcanzó un primer pico de antagonismo con la impugnación del Presidente Clinton en 1998. Culminó con la doble impugnación del Presidente Trump: durante su primer y único mandato en 2020 y después de haber perdido su reelección e intentar un autogolpe de Estado en 2021. En contraste con el apoyo bipartidista a la destitución de Nixon, la disciplina de partido en estas tres ocasiones fue extremadamente alta: de cien senadores, noventa y cinco votaron según las líneas partidistas en el proceso a Clinton; en el caso de Trump, noventa y nueve lo hicieron en el primer proceso y noventa y tres en el segundo.[6]

La democracia en estado de sitio

La agitación que comenzó a principios de la década de 1990 con el aumento de la hostilidad partidista, la parálisis legislativa, los cierres del Gobierno y las impugnaciones presidenciales, alcanzó su punto álgido en torno a las elecciones de noviembre de 2020 y sus consecuencias. En pocas semanas se reprodujeron muchos rasgos del anterior periodo caótico del siglo XIX, como las reclamaciones de ganadores ilegítimos de las elecciones, las conspiraciones para destituir a los presidentes elegidos y la violencia contra las instituciones.

Aunque algunos de los grotescos acontecimientos posteriores a las elecciones de 2020 fueron calificados de «sin precedentes», pueden percibirse como una reactivación histórica de los amargos demonios domésticos. En primer lugar, el perdedor, Trump, no reconoció al ganador. En segundo lugar, el perdedor y sus cómplices intentaron impedir la toma de posesión del ganador por medios violentos.

Las concesiones formales por el candidato derrotado se convirtieron en una norma no escrita pero regular solo desde finales del siglo XIX, cuando se dispuso de medios de comunicación instantánea, como el telégrafo y el teléfono. Sin embargo, mucho antes, el Presidente John Adams, que perdió su candidatura a la reelección, se marchó de Washington la noche anterior a la toma de posesión de su vicepresidente y rival Thomas Jefferson. Veintidós años después, el general Andrew Jackson no reconoció la victoria del hijo de Adams, John Quincy Adams, y, como ya se ha dicho, la denunció como una «estafa corrupta». A su vez, cuatro años después, el Presidente John Quincy Adams hizo como su padre y abandonó Washington en la víspera de la toma de posesión de su sucesor, Andrew Jackson.

Tampoco el derrotado Presidente Martin van Buren asistió a la toma de posesión de su sucesor, William Henry Harrison. Es de suponer que la ausencia de Van Buren fue una reacción a los brutales ataques que sufrió por el partido Whig durante la campaña electoral. Después de la Guerra Civil, el Presidente Andrew Johnson, que sustituyó al asesinado Presidente Lincoln, no fue nominado por su Partido Demócrata para un segundo mandato. Tras las elecciones, se negó a acompañar en carruajes paralelos desde la Casa Blanca hasta el Capitolio a su sucesor, el general republicano Ulysses Grant, y se saltó su investidura.

Reviviendo esta tradición, Trump prometió repetidamente que «nunca concederá» su derrota y no se presentó a la toma de posesión del Presidente Biden en las escaleras del Capitolio.

El segundo tipo de evento fue el intento del perdedor, Trump, y sus cómplices de impedir la investidura del ganador, Biden, mediante una insurrección violenta.

Tras la proclamación de los resultados oficiales, Trump ordenó a los organismos gubernamentales que no cooperaran con el equipo de transición de Biden. El 6 de enero de 2021, el día en que el Congreso certificaría los resultados del Colegio Electoral, Trump convocó una concentración en el National Mall y animó a una turba de unos cuantos miles de personas a asaltar el Capitolio. Los alborotadores intentaron impedir que el Vicepresidente Mike Pence, que presidía la sesión conjunta de las dos cámaras, confirmara la victoria de Biden. Los insurrectos enarbolaban banderas estadounidenses, confederadas y de Trump. Ocuparon, vandalizaron y saquearon el edificio durante varias horas, mientras los representantes y senadores eran evacuados de la planta del Senado. Se encontraron bombas de relojería en las cercanas oficinas de los comités nacionales de los dos partidos. Cinco personas murieron como consecuencia de los hechos.

Un precedente importante había tenido lugar en vísperas de la Guerra Civil. El que fuera presidente electo, Abraham Lincoln, sobrevivió a una grave conspiración de asesinato, con sede en Baltimore, en la que participaron unas mil personas. También se encontró una bomba de relojería dentro de su tren en Cincinnati. Milicias armadas hostiles desfilaron por Washington. Según relata el historiador Ted Widmer:

> Una turba había intentado atacar el Capitolio el día en que el Congreso se reunió para tabular los votos del Colegio Electoral. Se produjeron peleas en las galerías durante los discursos, donde los espectadores abucheaban: «¡Abe Lincoln nunca vendrá aquí!». El día de la toma de posesión, compañías de soldados

bloquearon las calles laterales y los francotiradores se apostaron en las cimas de los edificios para evitar el asesinato del nuevo presidente.[7]

El intento de Trump de mantenerse en el poder más allá de su mandato puede calificarse mejor como un autogolpe, una fórmula que tiene varios precedentes en América Latina. La diferencia es que, aunque Trump había encumbrado a algunos leales en el Departamento de Defensa, los jefes militares no le siguieron. La Policía del Capitolio, la Policía Metropolitana de Washington y la Guardia Nacional acudieron a disolver y detener a los amotinados. Una vez desalojado el Capitolio, se volvió a convocar la sesión y se completó el recuento de los votos electorales. Sin embargo, ni siquiera en un escenario tan dramático desapareció la animosidad partidista: dos tercios de los representantes republicanos y una sexta parte de los senadores republicanos mantuvieron objeciones infundadas hasta la madrugada del día siguiente y votaron por anular el resultado electoral.

La transición pacífica y ordenada de dos semanas después podría no haber sido el final de la historia. También hay precedentes de traidores que persistieron en la política, se presentaron a las elecciones, fueron elegidos y provocaron más agitación. Al menos dos expresidentes se unieron a la Confederación durante la Guerra Civil. El expresidente whig John Tyler, que había sustituido a William Harrison a su muerte un mes después de entrar en el cargo, primero fue elegido y luego presidió la Convención de Secesión de Virginia, y durante la Guerra Civil fue elegido primero para el Congreso Provisional de la Confederación y luego para la Cámara de Representantes de la Confederación. El expresidente demócrata Franklin Pierce colaboró estrechamente con el presidente de la Confederación, Jefferson

Davis. Asimismo, el expresidente Andrew Johnson fue elegido senador con una plataforma anti-Reconstrucción.

El destino de Donald Trump y del trumpismo puede no estar escrito todavía. El destino de la democracia en Estados Unidos tampoco.

Epílogo

Un futuro en esperanza

Ciertas fórmulas del sistema político de Estados Unidos han demostrado ser disfuncionales porque fueron el precio por una innovación temprana. Algunas opciones constitucionales cruciales no tenían precedentes y se basaron en la experiencia, los conocimientos y la tecnología limitados de la época, como ilustramos particularmente con la errónea inspiración tomada del sistema británico y la confusa improvisación del Colegio Electoral presidencial. Otras reglas arcaicas mantienen el registro voluntario de los votantes y las votaciones en día laborable. Con la expansión y la creciente complejidad del país, algunas de las instituciones y reglas originales produjeron consecuencias no deseadas y se volvieron muy ineficientes a largo plazo.

Un ejemplo clásico de esta paradoja son los ferrocarriles de Gran Bretaña, que fueron los primeros del mundo, pero que han acabado siendo anticuados e inadaptados. Lo mismo podría decirse del aeropuerto JFK de Nueva York, que fue pionero cuando se construyó pero que décadas después es uno de los más incómodos. Al igual que ellos, varias fórmulas electorales e institucionales estadounidenses, antaño precursoras y ahora envejecidas, se beneficiarían sin duda de reformas refrescantes.

En el actual escenario político antagonista y polarizado es impensable cualquier modificación constitucional de calado, como el establecimiento de un régimen parlamentario o reglas electorales de representación proporcional, que requerirían supermayorías congresuales y territoriales. Al mismo tiempo, unos pocos retoques para ajustar el funcionamiento del sistema en medio de la polarización pueden ser insuficientes para lograr una mejor gobernanza o incluso para eliminar los peligros de nuevos brotes antidemocráticos. No obstante, en los últimos tiempos se han discutido en círculos políticos y académicos algunos cambios reales y potenciales de los mecanismos institucionales que podrían reducir el comportamiento contencioso en el Gobierno federal y la consiguiente polarización política, y cuya aprobación y aplicación no requerirían enmiendas constitucionales. Como desarrollo brevemente en las siguientes páginas, incluyen lo siguiente:

Primero, algunas reglas electorales y de votación alternativas pueden ayudar a seleccionar candidatos menos polarizados.

Segundo, algunas prácticas institucionales que pueden favorecer los acuerdos bipartidistas entre el Congreso y la Casa Blanca deberían mejorar la eficacia del gobierno.

Y tercero, algunas decisiones de localización podrían moderar los enfrentamientos entre Washington y los estados, favorecer la claridad de responsabilidad de cada nivel de gobierno y hacer que los gobernantes rindan más cuentas de su actuación.

Votar mejor

Cambiar el sistema actual de elecciones primarias y ciertas reglas de votación sería crucial para elegir candidatos menos polarizantes.

En las primarias cerradas de los partidos, la baja participación está muy sesgada hacia posiciones extremas en temas sin consenso social o político. Los participantes suelen ser las personas más activas y motivadas ideológicamente de todo el electorado, por lo que suelen favorecer a candidatos extremos propensos a fomentar el antagonismo y la polarización. Así, las elecciones en distritos del Congreso con un solo escaño pueden engendrar polarización, especialmente si los dos partidos han utilizado las primarias cerradas para seleccionar a sus candidatos.

Ciertas fórmulas alternativas para los distritos del Congreso con un solo escaño podrían ayudar a elegir representantes y senadores más moderados. Dos de ellas han alcanzado cierta popularidad en los últimos tiempos: las primarias abiertas con segunda vuelta y el voto alternativo o preferencial.

La segunda vuelta es una adaptación de las reglas electorales usadas en Francia y la mayoría de los países de América Latina para las elecciones presidenciales. Implica una primera ronda de votación, normalmente con múltiples candidatos, y si ningún candidato obtiene una mayoría absoluta del 50 por ciento de los votos, también una segunda vuelta entre los dos más votados.

En Estados Unidos, el sistema de segunda vuelta se utiliza en las elecciones federales y estatales de Luisiana desde el año 2000. La primera ronda de votación se celebra el día de las elecciones, y solo si ningún candidato obtiene la mayoría absoluta de los votos, se celebra una segunda vuelta unas semanas después. Una astuta adaptación en los estados de Washington desde 2008 y California desde 2012 para todas las elecciones federales, estatales y locales concibe unas primarias abiertas o no partidistas como primera vuelta y las elecciones generales entre los dos candidatos más votados como segunda vuelta. En total, el sistema de segunda vuelta se utiliza hoy en día para una quinta parte de las elecciones a la Cámara de Representantes de Estados Unidos y para las elecciones a la alcaldía en muchas ciudades de una docena de estados.

El otro procedimiento alternativo, el voto preferencial, es más complicado. Cada votante tiene que ordenar a los candidatos de la papeleta según su primera, segunda, tercera y siguientes preferencias. Una serie de recuentos de votos eliminan, en primer lugar, a los candidatos con menos votos como primera preferencia y reasigna esas papeletas según las segundas preferencias de esos votantes; después, el proceso se repite hasta que un candidato acumula más del 50 por ciento de las preferencias restantes. El ganador es ampliamente consensuado, ya que está situado cerca de la cima por la mayoría de los votantes, mientras que los candidatos menos preferidos son eliminados. Esta fórmula ha sido adoptada por los estados de Alaska y Maine, precedidos por unas primarias abiertas y unas primarias cerradas de partido, respectivamente, y en una veintena de ciudades.[1]

Tanto el procedimiento de segunda vuelta como el de voto preferencial requieren un apoyo mayor para el ganador que la regla de mayoría relativa o pluralidad. En comparación con las elecciones por pluralidad, ambos procedimientos tienden a aumentar el número de candidatos, lo que amplía el margen de elección de los votantes y, por tanto, favorece una mayor participación. Ambos procedimientos también se pueden considerar mejores que la regla de la pluralidad por su tendencia a producir ganadores más moderados y consensuados (aunque los ganadores por segunda vuelta y por voto preferencial pueden no ser los mismos en elecciones con más de tres candidatos).

Muchos titulares de cargos públicos podrían ser reacios a aceptar un cambio de las reglas electorales que les han dado sus puestos. Sin embargo, las experiencias mencionadas muestran que la presión de votantes moderados e independientes y la acción de legisladores responsables pueden reducir significativamente la creciente polarización. En 2014, citando California como ejemplo de éxito, el Senador Chuck Schumer, entonces líder de la minoría y posteriormente líder de la mayoría del Senado, escribió:

> Necesitamos un movimiento nacional para adoptar las primarias y «los dos más votados» (también conocidas como primarias abiertas), en las que todos los votantes, independientemente de su afiliación de partido, pueden votar y los dos más votados, independientemente del partido, pasan a una segunda vuelta. Esto evitaría que un candidato de extrema derecha o de extrema izquierda obtuviera un cargo con el apoyo de solo una parte de los votantes del reducido electorado de las primarias; para quedar entre los dos primeros, los candidatos de cualquier partido tendrían que llegar al amplio sector medio [...]. Aunque no hay garantías, parece probable que un sistema de primarias con los dos más votados fomentaría una mayor participación en las primarias y desharía las tendencias al extremismo por defecto. Eliminaría el incentivo que empuja a nuestros políticos a doblegarse ante las facciones de su partido que se mueven principalmente por el miedo y la ira. Para los que estamos desesperados por el partidismo y la polarización en el Congreso, la reforma del sistema de primarias es un comienzo.[2]

COOPERAR MÁS

El buen gobierno en un régimen de separación de poderes no puede desarrollarse ni mediante la neutralización de las instituciones entre sí ni con una presidencia dominante. El buen gobierno requiere una cooperación interinstitucional entre el Congreso y la Presidencia y su Gabinete.[3]

El establecimiento de un régimen parlamentario a escala federal requeriría importantes enmiendas constitucionales, que es poco probable que prosperen. Reemplazar la elección directa del presidente con el nombramiento por el Congreso enfrentaría, comprensiblemente, una fuerte resistencia; suprimir una elección directa en la que el pueblo expresa directamente su preferencia es siempre un esfuerzo improbable.

Sin embargo, algunas reformas en la dirección de la parlamentarización del sistema actual podrían ser menos difíciles a nivel estatal, donde las constituciones son más flexibles y los cambios constitucionales son más frecuentes. Algunas sugerencias en los párrafos siguientes para un cambio de costumbres entre el legislativo y el ejecutivo podrían introducirse primero en algunos estados y desempeñar el papel de ejemplo y experiencia de aprendizaje para su posible adopción en otros estados y, finalmente, para las instituciones federales.

Un ideal obvio para la cooperación interinstitucional sería que los miembros del Gabinete pudieran ser también miembros del Congreso. Sin embargo, esto está prohibido por la Constitución mediante la cláusula de «inelegibilidad» o incompatibilidad. Esta fue concebida para evitar que los congresistas crearan cargos ejecutivos bien remunerados para ser ocupados por ellos mismos. Una consecuencia quizá no prevista fue que aumentó la separación de poderes, incluso en el plano personal.

A pesar de la cláusula, muchos representantes y senadores han sido nombrados para puestos del Gabinete simplemente dejando su escaño en el Congreso y ajustando su sueldo al anterior para evitar el temido abuso. Aún más positivo puede ser el nombramiento presidencial de secretarios del Gabinete y directores de agencias del otro partido. En el pasado, la mayoría de estos nombramientos transpartidistas, que solían recaer en miembros moderados dentro de su partido, se convertían en secretarios de Estado, de Defensa o del Tesoro, directores de agencias especializadas, como la Reserva Federal, el FBI o la CIA, o embajadores en organizaciones internacionales destacadas, como las Naciones Unidas o la OTAN. Aún los presidentes Clinton, Bush y Obama nombraron a secretarios de Defensa o jefes del Ejército del otro partido. Sin embargo, la exacerbación del partidismo llevó a que los presidentes Trump y Biden no hicieran ningún nombramiento de este tipo para secretarios de departamento.

La Vicepresidencia podría convertirse en un importante intermediario entre la Casa Blanca y el Capitolio. Al ocupar a la vez la presidencia del Senado legislativo y un puesto en el Gabinete ejecutivo, la Vicepresidencia parece la candidata natural para coordinar las interacciones entre ambas instituciones.

Un modelo de referencia para la rendición de cuentas del ejecutivo ante el legislativo puede ser el papel de la Comisión de Relaciones Exteriores del Senado en relación con los tratados internacionales, que suelen ser presentados por el secretario de Estado. Otro ejemplo importante, que adquiere gran relevancia en situaciones de gobierno dividido, es el Informe Anual del Secretario del Tesoro sobre la gestión de los recursos financieros, y especialmente la audiencia en la Comisión de Medios y Arbitrios de la Cámara de Representantes sobre el proyecto de presupuesto anual.

Generalizando estas experiencias, las comisiones del Congreso podrían solicitar la comparecencia de los secretarios competentes de otros departamentos para que proporcionen información, justifiquen sus decisiones y omisiones, y den a conocer sus programas y las adaptaciones que puedan solicitarse. Estas prácticas podrían favorecer la negociación de los proyectos de ley y del presupuesto, crear consensos, evitar los vetos presidenciales y supervisar la ejecución de la legislación del Congreso. Una característica favorable es que la mayoría de los miembros del Congreso, en particular los miembros y presidentes de las comisiones, probablemente permanecerán en sus cargos mucho más tiempo que los secretarios del Gabinete y otros altos funcionarios del ejecutivo en los suyos, lo cual puede favorecer la continuidad de este tipo de interacción.

Por último, el discurso anual del presidente ante el Congreso sobre el estado de la Unión podría convertirse en una ceremonia más equilibrada. De hecho, el discurso del presidente suele ser una recapitulación selectiva de los informes de los departamentos, cuyos secretarios podrían presentarlos por separado con más transparencia y rigor. Cada vez hay más peticiones para que el relato presidencial deje de ser un mensaje propagandístico unilateral y vaya seguido de respuestas de los líderes de la mayoría y de la minoría en la Cámara y el Senado.

UNA LOCALIZACIÓN MÁS EFICAZ

Las tensiones territoriales no han desaparecido en absoluto en Estados Unidos. Desde el principio, el reparto de competencias legislativas en diferentes materias entre los estados y el Gobierno federal ha sido objeto de disputa.

Un criterio de eficiencia para la distribución de competencias entre los distintos niveles de gobierno es la llamada «subsidiariedad». Este criterio prescriptivo tiene su origen en la doctrina social católica y fue adoptado formalmente por la Unión Europea en su Tratado de Maastricht de 1992. La idea básica es que lo que un gobierno de bajo nivel puede hacer de forma eficiente no debe transferirse a un nivel superior. Lo que el gobierno local puede gestionar debe dejarse en manos del gobierno local; lo que el estado puede gestionar debe estar bajo la jurisdicción del estado; el Gobierno federal debe tener jurisdicción solo sobre aquellos asuntos que las autoridades de nivel inferior no pueden gestionar bien.

En democracia, la creciente asignación de asuntos al Gobierno federal puede justificarse por dos criterios principales. Uno es la escala de eficiencia del asunto, que en muchos casos ha aumentado como consecuencia de nuevas tecnologías. Algunos asuntos son más beneficiosos para todos los ciudadanos cuanto mayor es la escala a la que pueden operar. Entre ellos se encuentran la defensa nacional, la persecución del crimen organizado, las grandes infraestructuras como las carreteras interestatales, las redes eléctricas, los ferrocarriles, el tráfico aéreo, el correo, la telefonía e internet, así como la lucha contra epidemias y pandemias y la protección de los recursos naturales. El Gobierno federal, y en algunos casos las instituciones internacionales, deben ocuparse de estos asuntos.

El otro criterio democrático para asignar asuntos a la jurisdicción federal es la aplicación general de las reglas del derecho y la protección igualitaria de los derechos de los ciudadanos en todo el país. La Constitución, que, como se ha mencionado, ni siquiera incluye la palabra «federación», no estableció una clara división de poderes. Se limitó a establecer que el Gobierno nacional debe garantizar una «forma de gobierno republicana» a todos los estados, y a los ciudadanos de todos los estados los mismos «privilegios e inmunidades», sea lo que sea que esto signifique, que disfrutan los ciudadanos de los demás estados. La abolición de la esclavitud y el fin de la segregación racial se basaron vagamente en estos mandatos genéricos, aunque la primera requirió importantes enmiendas constitucionales, como ya hemos comentado.

En realidad, mientras que el primer criterio, la escala de eficiencia, es un criterio técnico que puede utilizarse con precisión, los derechos de los ciudadanos son una noción nebulosa y expansiva. Poco a poco ha ido incluyendo muchos más que los otorgados por la Carta de Derechos, como la libertad de expresión, de reunión, de religión o de prensa. En los últimos tiempos, ha llegado a abarcar asuntos culturales como la discriminación positiva, el consumo de drogas y diversas cuestiones de privacidad, género y sexualidad, incluido el matrimonio entre personas del mismo sexo, cuya asignación al Gobierno federal ha sido objeto de controversias. Asimismo, los programas de bienestar social, desde el sistema inicial de seguridad social hasta la asistencia sanitaria generalizada o las campañas de vacunación, han sido apoyados o rechazados en gran medida en función de intereses nacionales frente a los derechos de los estados.

Una de las consecuencias del conflicto sostenido entre el Congreso y la Presidencia, y la consiguiente parálisis legislativa, es que muchas cuestiones controvertidas se envían al Tribunal Supremo para que las resuelva. Los casos recientes del Tribunal Supremo sobre el reparto de competencias entre los distintos niveles de gobierno han asignado con acierto a la jurisdicción federal unos cuantos asuntos de alta eficiencia, como algunos relacionados con el medio ambiente, la inmigración o los viajes, y muchos relativos a diversos derechos de los ciudadanos.

Algunos casos que preludian una mayor disputa tienen que ver con la delimitación partidista de los distritos electorales y el derecho de voto para las elecciones federales. En contra de la lógica de los criterios de igualdad de derechos que acabamos de mencionar, hasta ahora se han decidido mayoritariamente a favor de los estados. Algunas sentencias del Tribunal Supremo que implicaban a litigantes de Arizona, Carolina del Norte y Tennessee admitieron que los estados pudieran cambiar sus leyes y prácticas de voto sin la previa autorización federal que se había introducido para evitar la discriminación racial.

Menos nítidas han sido algunas cuestiones sociales importantes, como el aborto y el seguro médico, cuya prohibición o abolición por cualquier estado había sido prohibida, pero han sido sometidas a restricciones, excepciones y exenciones. En la medida en que algunas de estas cuestiones sean asuntos de libertad personal o impliquen bienes públicos sociales o culturales a pequeña escala, los estados y las ciudades podrían reclamar su derecho a mantenerlas bajo sus jurisdicciones.

Otros recientes casos controvertidos sobre otras cuestiones de pequeña escala o de derechos individuales pueden reflejar la ambigüedad doctrinal latente y las posibles disputas. Entre ellos se encuentran los intentos federales de regular el salario mínimo o el seguro de desempleo, que podrían tener efectos diferentes en distintas condiciones locales, la abolición o moratoria general de la pena de muerte en numerosos estados, o las leyes federales que prohíben la discriminación por orientación sexual e identidad de género.

La jurisdicción federal es esencial para la provisión de bienes públicos a gran escala, así como para garantizar las reglas del derecho y las libertades básicas de los ciudadanos en todo el país. Sin embargo, aún hoy, los poderes estatales permiten una notable disparidad legislativa, especialmente en lo que respecta a las leyes contractuales, de propiedad, penales y de familia. A pesar de los recurrentes esfuerzos de centralización, la mayor parte de la legislación que observan los ciudadanos estadounidenses es estatal, la cual puede variar significativamente de un estado a otro. Además, los gobiernos locales se encargan de servicios como las

escuelas o la policía que en países más pequeños y menos diversos se asignan al gobierno nacional. Los distintos niveles de gobierno deben evitar sesgos ineficientes e injustos y mantener un
reparto equilibrado de competencias para mantener una sólida
federación democrática.[4]

EN CONCLUSIÓN

Como bien establecieron las doctrinas clásicas, en cualquier
unión confederal o federal grande y diversa, la principal tarea
política de las instituciones centrales es la defensa y los asuntos
exteriores. En el actual mundo globalizado e interdependiente,
las relaciones internacionales son vastas e incluso más importantes que en peligrosas épocas pasadas. Hoy incluyen el comercio exterior, la estabilidad financiera, las comunicaciones, las
migraciones transcontinentales, la seguridad y el terrorismo
internacional, las pandemias y el cambio climático.

Una política exterior democrática, dirigida por la Presidencia bajo la vigilancia del Congreso, no debería tener como objetivo afirmar a Estados Unidos como una superpotencia imperial
que libra guerras sin fin. Defender y promover la democracia es
lo contrario de imponerla a punta de pistola. Por el contrario,
Estados Unidos debería desarrollar la coordinación multilateral
para proporcionar bienes públicos a gran escala y compartir decisiones estratégicas con otros países mediante tratados y a través
de las instituciones globales. Concentrarse en estas causas comunes no solo debería favorecer unas relaciones internacionales
pacíficas y seguras, sino también mejorar el ambiente político
interno y ayudar a revitalizar la seguridad democrática.

La concentración en la política exterior se ve incentivada

por los inconvenientes del sistema institucional estadounidense de poderes separados y competencia partidista polarizadora, que hace que el tratamiento de algunas cuestiones internas sea una tarea propensa al conflicto. El desempeño deficiente de las instituciones crea una «democracia negativa», centrada en la preservación de derechos individuales y minoritarios a costa de una agenda federal estrecha con pocos beneficios públicos.

Para mejorar la gobernanza de temas de ámbito nacional, el Congreso federal podría mejorar la cooperación con la Presidencia y el Gabinete, como hemos sugerido, admitiendo al mismo tiempo que los asuntos económicos a pequeña escala y ciertas cuestiones sociales y culturales controvertidas podrían resolverse de forma aceptable a escala estatal o local. Una división más clara de competencias entre los distintos niveles de gobierno podría reducir la conflictividad del sistema central de separación de poderes.

Winston Churchill dijo que la democracia es la menos mala de todas las formas de gobierno que se han intentado. Los acontecimientos y los datos presentados en este libro muestran que, sin embargo, la democracia puede empeorar. Algunas reformas viables deberían demostrar que también puede mejorar. Ojalá no sea necesario esperar a la sensación de una nueva amenaza existencial externa para volver a generar unidad nacional y cooperación política.

Agradecimientos

Estoy muy agradecido por los comentarios, correcciones y sugerencias de Ashley Beale, Alfred Cuzan, Carlos M. de la Cruz, Don Doyle, Morris P. Fiorina, Melissa W. Lux, Leonard Sacks, Susan Scarrow, George Tsebelis y Arturo Valenzuela. Toda la responsabilidad por posibles errores y equívocos es mía.

Notas

1. Las fuentes principales son: Max Farrand, *The Records of the Federal Convention of 1787*, 4 vols., 1911-1937, colección de las intervenciones en la Convención de Filadelfia registradas por su secretario, William Jackson, y las extensas notas tomadas por James Madison (las citas son por *Farrand* y la fecha en 1787); Alexander Hamilton, James Madison y John Jay, *The Federalist Papers*, 1788 [hay trad. cast.: *El federalista*, México, Fondo de Cultura Económica, 2006; Madrid, Akal, 2015] (las citas son por *Federalista* y el número del artículo).

1. La democracia era solo para países pequeños

1. Alexander Hamilton, *Farrand*, 26 de junio; Aristóteles, *Política*, c. 325 a. C.; Montesquieu, *El espíritu de las leyes*, 1748; Rousseau, *El contrato social*, 1762; James Madison, *Farrand*, 18 y 26 de junio, *Federalista*, 10; Gouverneur Morris, *Farrand*, 2 de julio; Edmund Randolph, *Farrand*, 31 de mayo; Charles Pinckney, 28 de mayo; Elbridge Gerry, 17 de septiembre; Thomas Jefferson, «Letter to William S. Smith», 13 de noviembre de 1787; «Letter to James ·Madison», 30 de enero de 1787, en Merrill D. Peterson, ed., *The Political Writings of Thomas Jefferson*, The Thomas Jefferson Foundation, 1993; George Mason, *Farrand*, 28 de junio; Alexander Hamilton, *Federalista*, 85.

2. Josep M. Colomer, «Comparative Constitutions», en Robert Goodin, ed., *Oxford Handbook of Political Science*, 2009, pp. 176-195; Charles A. Beard, *An Economic Interpretation of the Constitution of the United States* [1913], Macmillan, 1962; Zachary Elkins, Thomas Ginsburg y James Melton, *The Endurance of National Constitutions*, Cambridge University Press, 2009; George Tsebelis, «The time inconsistency of long constitutions: Evidence from the world», *European Journal of Political Research*, 56, 4 (2017), pp. 820-845; David Brian Robertson, *The Constitution and America's Destiny*, Cambridge University Press, 2005; Thomas Jefferson, «Letter to Edward Carrington», 16 de enero de 1787, en *The Political Writings of Thomas Jefferson, op. cit.*; Jon Elster, «Equal or Proportional? Arguing and Bargaining over the Senate at the Federal Convention», en J. Knight y I. Sened eds., *Explaining Social Institutions*, University of Michigan Press, 1995; Gordon S. Wood, *Power and Liberty: Constitutionalism in the American Revolution*, Oxford University Press, 2021; Linda Colley, *The Gun, the Ship, and the Pen. Warfare, Constitutions, and the Making of the Modern World*, Liveright, 2021.

2. DEL IMPERIO A LA FEDERACIÓN

1. *Historical Atlas of the United States*, National Geographic, 1988; Thomas Jefferson, «Letter to George Rogers Clark», 25 de diciembre de 1780, <http://monticello.org/papers>; Alexander Hamilton, *The Defence*, II, 25 de julio de 1795, <www.founders.archive.gov>; James Polk, «Special Message to the Senate and the House of Representatives of the United States», 6 de julio de 1848, <www.presidency.ucsb.edu>.

2. Josep M. Colomer, «Empires versus States», *Oxford Research Encyclopedia of Politics*, 2017; Gordon S. Wood, *Empire of Liberty: A History of the Early Republic, 1789-1815*, Oxford University Press, 2011; Frederick J. Turner, *The Frontier in American History*, Henry Holt & Co., 1920; Walter Nugent, *Habits of Empire. A History of American*

Expansion, Knopf, 2008; Alan Taylor, *American Republics. A Continental History of the United States, 1783-1856*, W. W. Norton, 2021.

3. Mark Stein, *How the States Got Their Shapes Too. The People Behind the Borderlines*, HarperCollins, 2008.

3. MONTESQUIEU NO HABLABA INGLÉS

1. Charles Louis de Secondat, barón de La Brède y de Montesquieu, *L'esprit des lois*, 1848. [hay trad. cast.: *El espíritu de las leyes*, varias ediciones]; James Madison, *Federalista*, 47; Thomas Jefferson, «Letter to François d'Ivernois», 6 de febrero de 1795, en *The Political Writings of Thomas Jefferson*, The Thomas Jefferson Foundation, 1993; Alexander Hamilton, *Farrand*, 19 de junio; James Madison, *Farrand*, 25 de junio; James Madison, *Federalista*, 51.

2. Iain Stewart, «Montesquieu in England: His "Notes on England"», *Oxford Comparative Law Forum*, 6 (2002); Robert Shackleton, «Montesquieu, Bolingsbroke, and the Separation of Powers», *French Studies*, III, 1 (1949), pp. 25-38; Franz Neumann, «Introduction», en Montesquieu, *The Spirit of the Laws*, Hafner, 1949, p. xiii.

3. Robert Shackleton, *Montesquieu. A Critical Biography*, Oxford University Press, 1961; Isaac Kramnick, *Bolingbroke and his Circle. The Politics of Nostalgia in the Age of Walpole*, Cornell University Press, 1968; Henry St. John, vizconde de Bolingbroke, *The Philosophical Works*, Londres, David Mallet, 1754; M. J. C. Vile, *Constitutionalism and the Separation of Powers*, Liberty Fund, 1998; Ferdinand A. Hermens, «The Choice of the Framers», *Presidential Studies Quarterly*, 11, 1 (1981), pp. 9-27; William Blackstone, *Commentaries on the Laws of England*, 1765-1769; Jeremy Bentham, *A Fragment on Government*, 1776 [hay trad. cast.: *Un fragmento sobre el Gobierno*, Madrid, Tecnos, 2010]; Josep M. Colomer, ed., *Jeremy Bentham. Antología*, Barcelona, Península, 1991.

4. G. C. Colin, *Impeachment and Parliamentary Judicature in Stuart England*, Londres, Athlone, 1974; Peter C. Hoffer y N. E. H. Hull,

Impeachment in America, 1635-1805, Yale University Press, 1984; David Hume, «On the Independence of Parliament» [1741], en *Political Writings,* Hackett Publishing, 1994 [hay trad. cast.: «Sobre la independencia del Parlamento», en Josep M. Colomer, ed., *David Hume. Ensayos políticos,* Madrid, Tecnos, 1987].

5. James Madison, *Farrand,* 26 de junio; James Madison, *Federalista,* 47; Benjamin Franklin, *Farrand,* 4 de junio.

6. David McCullough, *John Adams,* Simon & Schuster, 2001, pp. 333, 343, 348 y 406; John Adams, «Letter to Thomas Jefferson», 25 de diciembre de 1813.

7. Walter Bagehot, *The English Constitution* [1865-1867], Oxford University Press, 2009; James Bryce, *The American Commonwealth* [1888], 3 vols., Liberty Fund, 1995.

Un rey electo con el nombre de presidente

4. La arcaica elección presidencial

1. Alexander Hamilton, *Farrand,* 18 de junio; Ron Chernow, *Alexander Hamilton,* Penguin, 2004, pp. 231-233; Alexander Hamilton, *Federalista,* 70; Gordon S. Wood, «Monarchism and republicanism in early America», en *The Idea of America,* Penguin, 2012, cap. 8.

2. William H. Riker, «The Heresthetics of Constitution-Making: The Presidency in 1787», *American Political Science Review,* 79 (1988), pp. 1-16; Gouverneur Morris, *Farrand,* 17 de julio.

3. Josep M. Colomer, ed., *Handbook of Electoral System Choice,* Palgrave-Macmillan, 2004, pp. 86-94 [hay trad. cast.: *Cómo votamos. Los sistemas electorales del mundo: pasado, presente y futuro,* Barcelona y Buenos Aires, Gedisa, 2004, pp. 170-174]; Josep M. Colomer, «The electoral college is a medieval relic. Only the U.S. still has one», *The Washington Post,* 11 de diciembre de 2016; James Wilson, *Farrand,* 4 de septiembre; George Mason, *Farrand,* 4 de septiembre.

4. Benjamin Franklin y otros, *Farrand,* 17 de septiembre.

5. William H. Riker, *Liberalism Against Populism*, Waveland, 1988, p. 22.

6. Los diccionarios consultados son Collins, Dictionary.com, Free, Google, Merriam-Webster, Oxford y Wiktionary, más la excepción Cambridge, que no incluye el significado «la mayoría».

5. FILTROS Y CONTROLES SESGADOS

1. Josep M. Colomer, ed., *Handbook of Electoral System Choice*, Palgrave-Macmillan, 2004; *id.*, «On the Geometry of Unanimity Rule», *Journal of Theoretical Politics*, 11, 4 (1999), pp. 543-553; Alexander Hamilton, *Federalista*, 73; Isaiah Berlin, «Two Concepts of Liberty», en *Four Essays on Liberty*, Oxford University Press, 1969, pp. 118-172 [hay trad. cast.: *Dos conceptos de libertad*, Madrid, Alianza, 2014]; George W. Carey, *The Federalist. Design for a Constitutional Republic*, University of Illinois Press, 1989; George W. Carey, «The Separation of Powers in United States of America: Past and Present», *Historia Constitucional*, 10 (2009), pp. 263-295; George Tsebelis, *Veto Players: How Political Institutions Work*, Princeton University Press, 2002.

2. Cálculos del autor a partir de datos en: «Divided government», *Wikipedia*, <www.wikipedia.org>; «Presidential vetoes», *The American Presidency Project*, <www.presidency.ucsb.edu>; George C. Edwards III, Andrew Barrett y Jeffrey Peake, «The Legislative Impact of Divided Government», *American Journal of Political Science*, 41, 2 (1977), pp. 545-563; Stephen Ansolabehere, Maxwell Palmer y Benjamin Schneer, «Divided Government and Significant Legislation: A History of Congress from 1789 to 2010», *Social Science History*, 42 (2018), pp. 81-108; J. Tobin Grant y Nathan J. Kelly, «Legislative Productivity of the U.S. Congress, 1789-2004», *Political Analysis*, 16 (2008), pp. 303-323; «Nominations: A Historical Overview», <www.senate.gov>; «List of Individuals Impeached by the House of Representatives», <https://history.house.gov>; «Executive Orders», *The American Presidency Project*, <www.presidency.ucsb.edu>.

6. La tentación presidencialista

1. James Madison, *Federalista*, 51; David Hume, «On the Independence of Parliament» [1741], en *Political Writings*, Hackett Publishing, 1994 [hay trad. cast.: «Sobre la independencia del Parlamento», en Josep M. Colomer, ed., *David Hume. Ensayos políticos*, Madrid, Tecnos, 1987]; Douglas G. Adair, «"That Politics May Be Reduced to a Science": David Hume, James Madison and the Tenth *Federalist*», en *Fame and the Founding Fathers*, Norton, 1974; Fred W. Riggs, «The Survival of Presidentialism in America: Para-constitutional Practices», *International Political Science Review*, 9, 4 (1988), pp. 247-278; Juan J. Linz, «The Perils of Presidentialism», *Journal of Democracy*, 1, 1 (1990), pp. 51-69 [hay trad. cast.: «Los peligros del presidencialismo», *Revista Latinoamericana de Política Comparada*, 7 (julio de 2013), pp. 11-31]; Michael Foley y John E. Owens, *Congress and the Presidency. Institutional Politics in a Separated System*, Manchester University Press, 1996.

2. Woodrow Wilson, *Congressional Government: A Study in American Politics* [1885], Transaction, 2002; *id.*, *Constitutional Government in the United States*, Columbia University Press, 1908.

3. Clinton Rossiter, *Constitutional Dictatorship. Crisis Government in the Modern Democracies*, Princeton University Press, 1948; Noah Feldman, *The Broken Constitution: Lincoln, Slavery, and the Refounding of America*, Farrar, Strauss and Giroux, 2021; Kenneth R. Mayer, *With the Stroke of a Pen: Executive Orders and Presidential Power*, Princeton University Press, 2001.

4. «Select Committee on the Modernization of Congress», cap. 10, <https://modernizecongress.house.gov>.

5. Alexander Hamilton, *Federalista*, 8; Arthur M. Schlesinger, «Rating the Presidents: Washington to Clinton», *Political Science Quarterly*, 112 (1997), p. 180; «About Declarations of War by Congress», <www.senate.gov>; Robert McNamara, *In Retrospect: The Tragedy and Lessons of Vietnam*, Vintage Books, 1995; Louis Fisher, *Presidential War Power*, University Press of Kansas, 2013; Richard J. Ellis, «The

War-Making Presidency», en *The Development of the American Presidency*, Routledge, 2012, cap. 5; datos sobre las fuerzas armadas: «Correlates of War», <www.correlatesofwar.org>; Stockholm International Peace Research Institute, <www.sipri.org>; <www.statista.com>.

6. Arturo Valenzuela, «Latin American Presidencies Interrupted», *Journal of Democracy*, 15, 4 (2004), p. 12.

7. Josep M. Colomer, «Elected Kings with the Name of Presidents», *Revista Latinoamericana de Política Comparada*, 7 (2013), pp. 79-97; Richard Rose, *The Postmodern President*, Chatham House, 1991; Gene Healy, *The Cult of the Presidency*, Cato Institute, 2002; Joseph Nye, *Presidential Leadership and the Creation of the American Era*, Princeton University Press, 2013; Josep M. Colomer, *How Global Institutions Rule the World*, Palgrave-Macmillan, 2014 [hay trad. cast.: *El gobierno mundial de los expertos*, Barcelona, Anagrama, 2015]; John Dickerson, *The Hardest Job in the World. The American Presidency*, Random House, 2020.

DOS PARTIDOS CON AGENDAS ESTRECHAS

7. A LOS CONSTITUYENTES NO LES GUSTABAN LAS FACCIONES

1. David Hume, «Of Parties in General» [1741] [hay trad. cast.: «De los partidos en general», en Josep M. Colomer, ed., *David Hume. Ensayos políticos*, Madrid, Tecnos, 1987, pp. 43-50]; *id.*, «Of the Coalitions of Parties» [1758] [hay trad. cast.: «De los acuerdos entre los partidos», en *ibid.*, pp. 120-127]; Jean-Jacques Rousseau, *El contrato social*, 1762, lib. II, 3; James Madison, *Federalista*, 10; Alexander Hamilton, *Federalista*, 9.

2. James Madison, *Federalista*, 10, 25 y 50; George Mason, *Farrand*, 22 y 23 de junio; Alexander Hamilton, *Federalista*, 9 y 26; John Jay, *Federalista*, 64; George Washington, «Farewell Address», 17 de septiembre de 1796, <www.mountvernon.org>.

3. Thomas Jefferson, «Letter to Francis Hopkinson, 13 de marzo de 1789», en <https://founders.archives.gov>; cálculos del autor con datos en «Sessions Dates of Congress», <https://history.house.gov>; Richard Hofstadter, *The Idea of a Party System. The Rise of Legitimate Opposition in the United States, 1780-1840*, University of California Press, 1972; Sean Wilentz, *The Rise of American Democracy: Jefferson to Lincoln*, Norton, 2005, p. 182.

4. John H. Aldrich, *Why Parties? A Second Look*, The University of Chicago Press, 2011; Richard B. Latner, *The Presidency of Andrew Jackson: White House Politics, 1829-1837*, University of Georgia Press, 1979; James Parton, *Life of Andrew Jackson*, Mason Brothers, 1860; *Richmond Whig*, 22 de agosto de 1834, citado por Wilentz, *The Rise of American Democracy, op. cit.*; Alexis de Tocqueville, *Democracy in America*, 1835 [hay trad. cast.: *La democracia en América*, 2 vols., Madrid, Alianza, 2014].

8. EL IMPREVISTO SURGIMIENTO DE SOLO DOS PARTIDOS

1. Juan J. Linz, «The Perils of Presidentialism», *Journal of Democracy*, 1, 1 (1990), pp. 51-69 [hay trad. cast.: «Los peligros del presidencialismo», *Revista Latinoamericana de Política Comparada*, julio de 2013, pp. 11-31]; C. Sydnor, *American Revolutionaries in the Making. Political Practices in Washington's Virginia*, Collier, 1962; Robert J. Dinkin, *Voting in Provincial America. A Study of Elections in the Thirteen Colonies, 1689-1776*, Grenwood, 1977; *id.*, *Voting in Revolutionary America. A Study of Elections in the Original Thirteen States, 1776-1789*, Greenwood, 1982; J. Main, *Political Parties before the Constitution*, Norton, 1973; Josep M. Colomer, «Anglo-American Colonies», en *Political Institutions*, Oxford University Press, 2001, pp. 25-27 [hay trad. cast.: «Las colonias anglo-americanas», en *Instituciones políticas*, 2.ª ed., Barcelona, Ariel, 2007, pp. 41-44].

2. Michael Tomasky, *If We Can Keep It. How the Republic Collap-*

sed and How It Might Be Saved, Liveright-Norton, 2019; C. Cassel, «The non-partisan Ballot in the United States», en Bernard Grofman y Arend Lijphart, eds., *Electoral Laws and Their Political Consequences*, Agathon, 1986, pp. 226-241; «National Municipal League of the United States», en Susan Scarrow, ed., *Perspectives on Political Parties. Classic Readings*, Palgrave-Macmillan, 2002, p. 4 y pp.103-104.

3. Josep M. Colomer, «The Americas: General Overview», en Josep M. Colomer, ed., *Handbook of Electoral System Choice*. Palgrave-Macmillan, 2004, pp. 81-89 [hay trad. cast.: «América», en *Cómo votamos. Los sistemas electorales del mundo: pasado, presente y futuro*, Barcelona y Buenos Aires, Gedisa, 2004, pp. 166-175]; Erik J. Engstrom, «The Past: Moving from Diversity to Unified Single-member Districts», en *ibid.*, pp. 155-163; Stephen Calabrese, «Multi-member district congressional elections», *Legislative Studies Quarterly*, 25 (2000), pp. 611-643; Nicolas Flores, A History of One-Winner Districts for Congress, tesis doctoral, Universidad de Stanford, 2000; Pradeep Chhibber y Ken Kollman, «Party Aggregation and the Number of Parties in India and the United States», *American Political Science Review*, 92, 2 (1998), pp. 329-342.

4. Rein Taagepera, «The size of national assemblies», *Social Science Research*, 1 (1972), pp. 385-402; Josep M. Colomer, «Equilibrium Institutions: The federal-proportional trade-off», *Public Choice*, 158 (2014), pp. 559-576; *id.*, «Minority White House», en *Political Institutions*, Oxford University Press, 2001, pp. 104-106 [hay trad. cast.: «La Casa Blanca en minoría», en *Instituciones políticas, op. cit.*, pp. 135-138]; Neal R. Peirce, *The People's President. The Electoral College in American History and the Direct-Vote Alternative*, Simon & Schuster, 1968; cálculos del autor con datos de «Party Divisions of the House of Representatives, 1789 to Present», <https://history.house.gov>; «Third-party and Independent Senators in the United States», «www.wikipedia.org»; «List of Third Party Performances in United States Presidential Elections», «www.wikipedia.org».

9. Mayorías cambiantes y agendas en acordeón

1. James Madison, *Farrand*, 6 de junio; Alexander Hamilton, *Federalista*, 51; Robert A. Dahl, «Madisonian Democracy», en *A Preface to Democratic Theory*, The University of Chicago Press, 1956, cap. 1 [hay trad. cast.: *Un prefacio a la teoría democrática*, Grupo Editorial Latinoamericano, 1989].

2. James Madison, *Federalista*, 62, 10; John H. Aldrich, *Why Parties? A Second Look*, The University of Chicago Press, 2011.

3. Juan J. Linz, «The Virtues of Parliamentarism», *Journal of Democracy*, 1, 4 (1990), pp. 84-91; Giovanni Sartori, «Neither Presidentialism nor Parliamentarism», en Juan J. Linz y Arturo Valenzuela, eds., *The Failure of Presidential Democracy*, vol. 1, Johns Hopkins University Press, 1994, pp. 106-118; Josep M. Colomer, «The Blame Game of Presidentialism», en H. E. Chebabi y Alfred Stepan, eds., *Politics, Society, and Democracy. Comparative Studies*, Westview Press, 1995, pp. 375-392; World Bank, «The Worldwide Governance Indicators» <www.govindicators.org>.

4. William Riker, *Liberalism against Populism*, Waveland, 1988; Josep M. Colomer y Ricardo Puglisi, «Cleavages, issues and parties: A critical overview of the literature», *European Political Science*, 4, 4 (2005), pp. 502-520; Josep M. Colomer y Humberto Llavador, «An agenda-setting model of electoral competition», *SERIEs*, 3 (2012), pp. 73-93; <www.policyagendas.org>.

5. Josep M. Colomer, *The Science of Politics*, Oxford University Press, 2010, caps. 6 y 12 [hay trad. cast.: *Ciencia de la política*, 2.ª ed., Barcelona, Ariel, 2017, caps. 12 y 19].

6. Nolan McCarty, *Polarization. What Everyone Needs to Know*, Oxford University Press, 2019, p. 28-32; Nolan McCarty, Keith T. Poole y Howard Rosenthal, *Polarized America: The Dance of Ideology and Unequal Riches*, MIT Press, 2006.

O IRA INTERNA O MIEDO EXTERNO

10. ANARQUÍA Y GUERRA CIVIL

1. James Madison, *Farrand*, 14 de julio.

2. Ted Widmer, *Lincoln on the Verge: Thirteen Days to Washington*, Simon & Schuster, 2020; J. David Gillespie, *Politics at the Periphery. Third Parties in Two-Party America*, University of South Carolina Press, 1992; Steven J. Rosenstone, Roy L. Behr y Edward H. Lazarus, *Third Parties in America. Citizen Response to Major Party Failure*, Princeton University Press, 1996; Charles Dickens, *Notes on America*, 1842 [hay trad. cast.: *Notas sobre América*, Barcelona, Ediciones B, 2010].

3. Joanne B. Freeman, *The Field of Blood. Violence in Congress and the Road to Civil War*, Farrar, Strauss & Giroux, 2018, pp. xiv, 6, 297 y 221; Jill Lepore, *These Truths. A History of the United States*, W. W. Norton, 2018, pp. 266-267; James M. McPherson, *Battle Cry of Freedom. The Civil War Era*, Oxford University Press, 1988, p. 150.

4. Isabelle Dierauer, *Disequilibrium, Polarization, and Crisis Model*, University Press of America, 2013.

5. Michele Cunningham, *Mexico and the Foreign Policy of Napoleon III*, Palgrave Macmillan, 2001.

6. McPherson, *Battle Cry of Freedom, op. cit.*

7. David O. Stewart, *Impeached: The Trial of President Andrew Johnson and the Fight for Lincoln's Legacy*, Simon & Schuster, 2010; Robert S. Levine, *The Failed Promise. Reconstruction, Frederick Douglass, and the Impeachment of Andrew Johnson*, W. W. Norton, 2021; Noah Feldman, *The Broken Constitution. Lincoln, Slavery, and the Refoundation of America*, Farrar, Straus and Giroux, 2021, p. 10; Michael F. Holt, *By One Vote: The Disputed Presidential Election of 1876*, University Press of Kansas, 2008; Jon Grinspan, *The Age of Acrimony. How Americans Fought to Fix their Democracy, 1865-1915*, Bloomsbury, 2021; William H. Riker, *Democracy in the United States*, MacMillan, 1965, pp. 59-60.

11. Miedo y cooperación en la Guerra Fría

1. Landon R.Y. Storrs, *The Second Red Scare and the Unmaking of the New Deal Left*, Princeton University Press, 2012; Athan Theoharis, *Seeds of Repression: Harry S. Truman and the Origins of McCarthyism*, Quadrangle Books, 1971; *Duck and Cover*, Anthony Rizzo, dir., Archer Productions, 1952; *El día después*, Nicholas Meyer, dir., ABC Circle Films, 1983.

2. Bernard Berelson, Paul Lazarsfeld y William McPhee, *Voting: A Study of Opinion Formation in a Presidential Campaign*, The University of Chicago Press, 1954; Seymour M. Lipset, *Political Man. The Social Bases of Politics*, Doubleday, 1960 [hay trad. cast.: *El hombre político*, Madrid, Tecnos, 1988].

3. Para el voto dividido, datos en <www.polidata.org>.

4. Josep M. Colomer, «Benefits and Costs of Voting», *Electoral Studies*, 10, 4 (1991), pp. 313-325; Steven J. Rosenstone y Raymond E. Wolfinger, «The Effects of Registration Laws on Voter Turnout», *American Political Science Review*, 72 (1978), pp. 22-45.

5. Mark A. Peterson, *Legislating Together. The White House and Capitol Hill from Eisenhower to Reagan*, Harvard University Press, 1990, p. 22.

6. George C. Edwards III y Stephan J. Wayne, *Presidential Leadership. Politics and Policy Making*, 8.ª ed., Wadsworth, 2010.

7. Para las virtudes de los negociadores, véase Joseph A. Morris, «When D.C. Parleyed»; Chris Matthews, «Where is Today's Bob Dole?»; Trent Lott y Tom Daschle, «The Way Out of Partisan Gridlock», *The Washington Post*, 3 de octubre de 2013, 11 de octubre de 2013 y 1 de enero de 2016, respectivamente. Eric M. Uslaner y Thomas Zittel, «Comparative Legislative Behavior», en Robert Goodin, ed., *Oxford Handbook of Political Science*, 2011; Kenneth A. Shepsle y Barry R. Weingast, «Structure-Induced Equilibrium and Legislative Choice», *Public Choice*, 37 (1981), pp. 503-519.

8. Charles R. Shipan, «Does Divided Government Increase the

Size of the Legislative Agenda?», en E. Scott Adler y Charles M. Cameron, eds., *The Macropolitics of Congress: The Enactment of Significant Legislation, 1947-1992*, Princeton University Press, 2006, p. 157; Bryan D. Jones, Sean M. Theriault y Michelle Whyman, *The Great Broadening. How the Vast Expansion of the Policymaking Agenda Transformed American Politics*, The University of Chicago Press, 2019.

12. LA AGITACIÓN EN CURSO

1. Datos sobre guerras y víctimas: Peace Research Institute Oslo, <www.prio.org>; Uppsala Conflict Data Program, <https://ucdp.uu.se>; James MacGregor Burns y Georgia Jones Sorenson, *Dead Center: Clinton-Gore Leadership and the Perils of Moderation*, Scribner, 1999, p. 292; Richard Reeves, «Why Clinton Wishes He Were JFK», *Washington Monthly*, septiembre de 1995.

2. <www.usgovernmentspending.com>; Alfred Cuzan, «The Laws of State Expansion», en *Laws of Politics*, Routledge, 2021, cap. 12; Bryan D. Jones, Sean M. Theriault y Michelle Whyman, *The Great Broadening. How the Vast Expansion of the Policymaking Agenda Transformed American Politics*, The University of Chicago Press, 2019, pp. 195 y 209.

3. Morris P. Fiorina, *Unstable Majorities: Polarization, Party Sorting, and Political Stalemate*, Hoover Institution Press, 2017; Alan Abramowitz y Steve Webster, «The rise of negative partisanship and the nationalization of U.S. elections in the 21st century», *Electoral Studies*, 41 (2016), pp. 12-22; David Shor, Twitter, 9 de noviembre de 2020; Pew Research Center, «Large Shares of Voters Plan to Vote a Straight Party Ticket for President, Senate and House», 21 de octubre de 2020.

4. Paul Kane, «Biden's party-line approach in Congress has worked so far», *The Washington Post*, 12 de marzo de 2021.

5. <www.brookings.edu/VitalStats>; Newt Gingrich, «The shutdown shows that Washington is working», *Financial Times*, 5-6 de octubre de 2013.

6. Cass R. Sunstein, *Impeachment. A Citizen's Guide*, Harvard University Press, 2017; Josep M. Colomer, «Impeachment exists because the Founding Fathers made a mistake. Several, actually», *The Washington Post*, 3 de diciembre de 2019.

7. Ted Widmer, *Lincoln on the Verge: Thirteen Days to Washington*; Simon & Schuster, 2020, <www.washingtonpost.com/retropolis>.

EPÍLOGO. UN FUTURO EN ESPERANZA

1. <www.openprimaries.org>; <www.ballotpedia.org>; <www.rcvresources.org>; <www.fairvote.org>; Josep M. Colomer, ed., *Handbook of Electoral System Choice*, Palgrave-Macmillan, 2004 [hay trad. cast.: *Cómo votamos. Los sistemas electorales del mundo: pasado, presente y futuro*, Barcelona y Buenos Aires, Gedisa, 2004]; *id.*, *Personal Representation. The Neglected Dimension of Electoral Systems*, ECPR Press, 2011; R. Michael Alvarez y J. Andrew Sinclair, *Nonpartisan Primary Election Reform. Mitigating Mischief*, Cambridge University Press, 2015; Christian R. Grose, «Reducing Legislative Polarization: Top-Two and Open Primaries Are Associated with More Moderate Legislators», *Journal of Political Institutions and Political Economy*, 1 (2020), pp. 1-21; Craig M. Burnett y Vladimir Kogan, «Ballot (and Voter) "Exhaustion" Under Instant Runoff Voting: An Examination of Four Ranked-Choice Elections», *Electoral Studies*, 37 (2015), pp. 41-49.

2. Charles E. Schumer, «End Partisan Primaries, Save America», *The New York Times*, 21 de julio de 2014.

3. Josep M. Colomer y Gabriel Negretto, «Can Presidentialism Work Like Parliamentarism?», *Government and Opposition*, 40, 1 (2005), pp. 60-89 [hay trad. cast.: «Gobernanza con poderes divididos en América Latina», *Política y Gobierno*, X, 1 (2003), pp. 13-62].

4. «Lists of Landmark Supreme Court Decisions»: <www.americanbar.org>; <www.wikipedia.org>.

Índice alfabético